平等底《てい》のなかの差別境
（仲よき事は美しき哉《かな》）

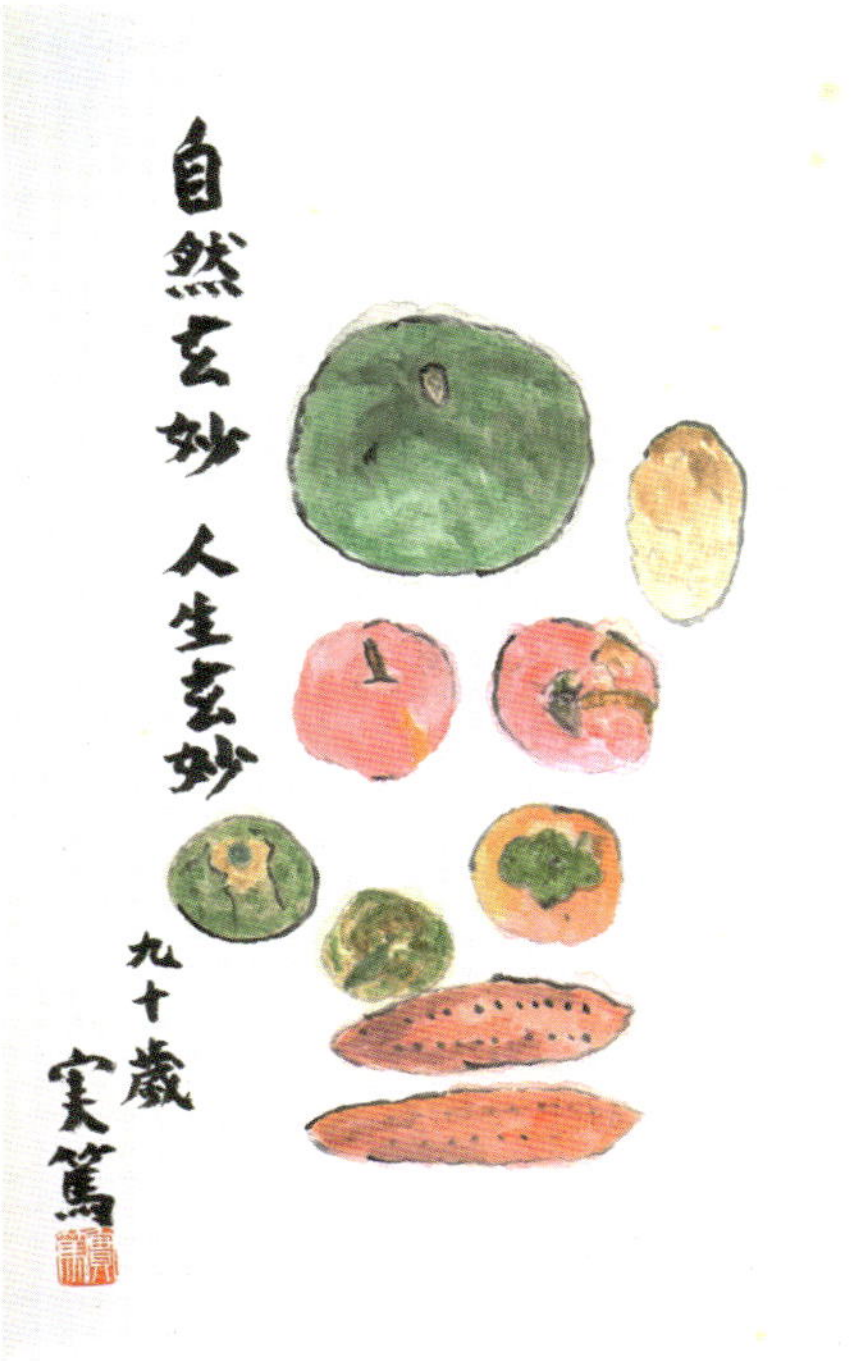

武者小路実篤筆「自然玄妙　人生玄妙」

カボチャ・ジャガイモ・リンゴ・
ミカン・柿・サツマイモ
……みんな仲よし

球心の一元世界

クロード・モネ「日本の橋」(1918-24)

「一《もののはじめ》」に遊ぶ。

(「吾遊於物之初」『荘子』田子方篇 第二十一)

大肯定の世界

谷川晃一画「雑木林のパレード」

すべて生き生き。
すべては宇宙のいのちの輝き

カバー装画：クロード・モネ「睡蓮」1906年頃

調和の超次元（世界）

平面（二次元）のなかの
立体（三次元）世界

禅とことば　乖離と近接

「這箇《しゃこ》」との接点を索《もと》めて

信原 修

明石書店

まえがき

京都・南禅寺派元管長・柴山全慶《しばやまぜんけい》老師（一八九四〜一九七四）のことばに、

真実は言語表現を創り出すが、創られたる言語は真実のぬけがらに過ぎぬ。
（柴山全慶『訓註　無門関《むもんかん》』（其中堂、一九八二年、九七頁）

というのがある。わたしは青春時代の一八歳のときに病いに仆《たお》れ、まる五年間病床生活を送った。田舎の高校で大学受験に追われていた一高校生の受けたショックは大きく、まったくゼロになった学力のために、もう一度同じように受験勉強に費やす生活は、苦痛以外の何ものでもなかった。こうしてわたしは、矢も楯もたまらず、岡山県総社市《そうじゃ》にある京都・東福寺派の臨済《りんざい》宗《しゅう》専門道場、井山宝福寺《いやまほうふくじ》に救いを求めて駆け込んだ。これから先の長い人生、真に頼るに足る本物の力がほしかったのである。

その後六年遅れの二四歳で渋々大学の文学部に入り、たまたまそこで専攻したのが言語学だった。文学に比べ、規則性があり、より系統立っているように思われたからである。
しかしこれが曲者《くせもの》だった。

ことばと禅――

この二律背反する二つの異なる命題を抱え込んだわたしは、まさに禅でいう「熱鉄丸《ねってつがん》」を呑《の》み込んだように、呑むに呑み込まれず、吐くに吐き出せず、わたしはこの熱い矛盾を生涯抱え込んだまま、何とかして自分の中で折り合いがつけられないか、またアウフヘーベン（止揚《しよう》）できないものかと、迷い苦しみながら傘寿《さんじゅ》を過ぎる今日まで、その後の人生をとぼとぼと歩んできた。

昨今の南シナ海や東シナ海をめぐる中国、また歯舞色丹《はぼまいしこたん》の北方四島をめぐるロシア、さらには竹島をめぐる韓国など、近隣諸国との外交問題、また夏になると年中行事のように繰り返される、靖国神社参拝をめぐる近隣諸国とわが国歴代内閣との歴史認識のズレ。翻って国内を見ても、世も末世かと思われるような、殺伐とした殺人事件や事故の数々。またそれらを逐一掘り起こして興味本位に垂れ流し、「社会の木鐸《ぼくたく》」たる使命を忘れたかのようなマスコミ報道。しかし、いまやそうしたことは、ほとんどわたしの関心を引かなくなった。それに何よりも、まだ夜の明けるにはほど遠い深夜二時ごろには起きだして、頭のまだ冴《さ》えているうちにと、急いで書斎に入るわたしには、午後ともなるとボディー・クロック（身体時計）の電池は切れ始め、不快な出来事にまで関心を注ぐエネルギーは残されていない、といった方が真実に近い。

だから新聞やテレビを見るのは朝食と夕食どきの小一時間程度。それもできるだけ頭を使わないで、「ああ美しい、きれいだなあ。これはすごい」といった番組や記事に限られる。それは新日本紀行や日本の名山であったり、ワイルドライフやドキュメンタリー番組、また早朝の音楽番組のクラシック倶楽部やサッカーのW杯であったりする。ただ気になるのは、経済は本来人間の生活文化を豊かにするための手段であるにも拘わらず、今や地球規模で市場経済が目的化し、そのため貧富の格差が年ごとに拡大し、国内では毎年三万人に垂《なんな》んとする自死者が生まれているこの現実である。

思えばいまはこんなわたしでも、若いころは、生とは？　死とは何か？　などといった哲学や宗教の問題に大いに関心をもった。それは和辻哲郎の風土であったり、亀井勝一郎が語る飛鳥や大和といった古寺巡礼の世界であったり、また親鸞《しんらん》の歎異抄《たんにしょう》や、パスカルやモンテーニュなどの随想録であったりした。友人たちと丁々発止《ちょうちょうはっし》、口角泡を飛ばして議論することもあった。

しかし、いまではさきに述べた通り。一体これは何だろう。宗教や哲学に自分なりの確たる回答が得られた訳でもない。ただ若いころ抱いていた高邁で遠大な難問に立ち向かって、へとへとに疲れるよりも、ネコの額《ひたい》にも満たない小さな庭隅に、茄子やキュウリ、トマトを植えて土に触れ、庭木や生け垣の手入れをして緑に接し、また朝食どきのサラダ用にと、カイワレやサラダ菜をプランターで育てたり、朝な夕な、健康維持を兼ねて近くの賀茂川の岸辺や上賀茂神社の境内を歩いたり、また相国寺《しょうこくじ》の承天閣《しょうてんかく》美術館や京都市美術館などを訪ねて、江戸中期の絵師・伊藤若冲《じゃくちゅう》の、細やかでしかも鮮烈にその生態を描いた、鶏や魚たちの調和ある世界や、クロード・モネの、睡蓮やルアンの大聖堂、また干し草の山に光を捉えようとした印象派の光の世界にわが身を置くことの方が、遥かに心地よく心に響いてくるのだ。

若いころ高邁だと思って追い求めた、形而上学的で高次な学問の世界よりも、いま、このわたしが、現にいまここに生きている、否、生かされてある身の周りの具体で形而下の世界に、わが身を浸らせていることの方が遥かに心地よく楽しいのだ。それは便利な「デジタルの文明生活」を満喫するよりも、泥臭い「アナログの文化生活」の心地よさと言えるかもしれない。

そうだ、と思う。仏教、わけても禅が、わたしに絶えず問いかけ続けてくれたものは、抽象の世界をめぐって、思想的・学問的に高次で高邁な議論を外に向かって展開することではなく、日常生活のなかに生起する、一つ一つの何の変哲もない出来事にも、わが身を賭して丁寧に精一杯生きること、そのなかに「在る」確かな「事実」に目覚め、それを摑み取って生きることなのだ、と。

しかし、これまでわたしが辿ってきた道は、誕生以来成長するにつれ、また学校教育の階梯を徐々に登ってゆくにつれて、自他・好悪・正誤・善悪・美醜・得失・合理非合理、また高級低級・高次低次などといった秤《はかり》を物差しにして、二元相対的な分別《ふんべつ》の世界に段々慣れ親しみ、それを当然と考え、さらには正当化し、絶対化さえしかねない知的認識の世界から、禅はわたしの生涯を授業料として、ごく普通の日常生活のなかにある一つ一つの具体的な事実（日常の端的《たんてき》。平常底《びょうじょうてい》。平常心是道《びょうじょうしんこれどう》）のなかにこそ本物の真実があるのだ、と絶えずわたしに語りかけ、教え続けてくれていたのだ。それは禅の徹悃《てっこん》の親切と言っていい。

こうしてわたしはこの八〇年余りの迂遠な人生をとぼとぼと歩んできた。

ところが、世間一般では今日もなお、禅はわれわれ普通の人間の通常の常識や理解を超えたものとして、訳の分からないものの典型のように思われがちである。

「それはまるで禅問答みたいだ」

とか

「チンプンカンプン。まるでギリシャ語みたいだ」（“It's all Greek to me.”）

といったふうに。

だから初めに断わっておきたいことは、ここに述べるのは、すべてわたしの禅、生涯禅と向き合ってきたわたし自身の苦悶の跡の率直な告白、それも野狐禅《やこぜん》（似て非なるニセものの禅）に近い居士禅《こじぜん》（出家しないままの素人の禅）であって、「禅とは何か？」とか、ましてや「悟りとは何か？」といった高邁で抽象的な議論の類いではないということである。

そして望むらくは、禅に関心を寄せながらも、その時間をもてないでいる、忙しい現代人に対するわたしの応援メッセージ、エールになってほしい、と心から願うものである。

"Be a growing question mark!"

《自ら疑問符（大疑団《だいぎだん》）と「成って」歩んでゆこう》

と。

目次

禅とことば　乖離と近接

――「這箇」との接点を索めて

第一部　わたしにとっての禅

はじめに

わたしの大学院時代の恩師であり、詩人で該博なシェイクスピア学者であったリンドレィ・W・ハベル先生（Lindley Williams Hubbell, 一九〇一～九四、日本名・林秋石）は、傘寿《さんじゅ》（八〇歳）を迎えて次のように語られた。

At 80
I know many things,
but not what I would most
like to know.

八〇路（傘寿）にして
わたしは多くのことを知っているが
もっとも知りたいことは
実は何一つ分かってはいないのだ。

いまわたしもその同じ傘寿に達し、あの豊かな博識のハベル先生にしてなおこの嘆きの深さに、胸を刺される思いを禁じえない。それはそのまま、先生の嘆き以上に、わたし自身の禅の旅路における望洋の嘆に他ならないからである。

第一章　わたしの禅体験と禅理解
——挫折のなかから

第一節　闘病と駆け込み寺体験——居士禅《こじぜん》（野狐禅《やこぜん》）のはじまり

松籟《しょうらい》の　身《み》を貫《ぬ》き徹《とお》る　寒坐禅《かんざぜん》

これは先に述べたわたしの高校時代三年余りの絶対安静を要した五年間の闘病生活ののち、わたしの慢性腎炎がようやく回復し始め、それと同時に病んでいた脊椎《せきつい》カリエスにもようやく回復の兆しが見え始めたころ、寒中のあの井山宝福寺《いやまほうふくじ》の夜坐《やざ》（日没後の夜の坐禅）でわたしの詠んだ拙い一句である。

当時わたしはやっと床を離れて、徐々に日常生活に戻るべく、身体を慣らし始めていた。しかし、それまでの自分の生き方、あり方にいたたまれなくなっていたわたしは、矢も楯もたまらず、冬休みが始まると直ぐ、意を決して隣町の総社市《そうじゃし》（岡山県）にある井山宝福寺（臨済宗《りんざいしゅう》東福寺派専門道場）に駈け込んだのだった。当時わたしの住んでいた小さな田舎町ではこれが唯一のわたしの選択肢だった。

バスと列車を乗り継いで一時間半ばかりの、伯備《はくび》線沿線の総社側のトンネルを出た少しばかりのところに、この井山宝福寺という禅の専門道場の寺はあった。禅宗の京都五山の一つ、東福寺派に属する地方では有数の寺だ。のちに日本の水墨画の先駆けとなる雪舟が、小僧時代絵ばかり描いて修行や作務《さむ》に身が入らず、師匠に大目玉を食らって本堂の柱に縛り付けられた、という謂《い》われをもつ。雪舟は悲しみのあまり、後ろ手に縛られたまま爪先《つまさき》を使って廊下に流した自分の涙で鼠《ねずみ》の絵を描いた。ややあって師匠がもう許してもよかろうと近寄ってみると、大きな鼠がいまにも雪舟に飛びかからんばかり。追っても追っても逃げる気配がない。よく見るとそれは雪舟が涙で描いた鼠。この迫真の涙の鼠に師匠も遂に折れて、雪舟は画道に専念することが許された、と伝える。

わたしの病いは高校二年の春に始まった。初めは何でもないただの風邪くらいに軽く考えて、町の名医を訪ねたところ、曾《かつ》て中国の文豪・魯迅《ろじん》の主治医であったというこの博識の老名医は、

わたしの顔を見るなり

「これは腎臓（炎）だ。少し静かに寝てなさい」

と言うや、早速薬を処方して下さった。しかし、わたしにとっては、手足がやたらと冷えるくらいで、あとは何の痛痒《つうよう》もない。わたしは老先生のことばもすっかり忘れて完治した気になり、二週間余り経ったころ、友人を自転車の後ろの荷台に乗せて二〇キロほど離れた隣町の本屋に出かけた。だがこれがいけなかった。尿中の蛋白は消えるどころか益々白濁して病いは慢性化していった。腎臓病には何よりも安静が第一だということを、当時わたしは全く理解していなかったのだ。これがわたしの以後五年にわたる闘病生活の始まりとなった。

毎朝目が覚めると試験管に尿を採り、先の老先生から手渡された試薬をその中にそっと垂らしてみる。するとモクモクと入道雲が湧き起こるように試験管の中がたちまち白濁する。あゝ今日もやっぱりダメか。溜め息まじりにトイレの手水鉢《ちょうずばち》の水で試験管と手を洗う。そして再び床につく。これが日課となった。一週間が二週間となり、やがて一ヶ月となり三ヶ月が過ぎた。高校生にとって大学受験が大きな比重を占めていたわたしの頭の中から、比較的好きだった英語の単語も日に日に記憶の中からこぼれ落ち、当時「赤尾の豆単」とよばれていた高校生必携の英単語帳も、いつのまにか枕元の薬袋や新聞紙の間に紛れ込んで分からなくなった。次いで好きだった数学への関心もまた薄らいで、二次関数や三角関数もまたわたしの頭から消えていった。

そんなとき友人とはありがたいもので、学校の欠席が長引くにつれ、心配して見舞ってくれる数人の親しい友達がいた。そのなかに中学時代からの友人で、県の新人戦で優勝するほどの卓球の名手のK君がいた。彼は対外試合に出て帰るたびにわたしの家に立ち寄って、病床の傍らでその日の試合の一部始終を語って聞かせてくれた。

またその昔旧家の庄屋の娘だったM子さんも、学校の様子を知らせによく見舞ってくれた。しかし、男女共学になったばかりの新制高校の当時のこと、彼女の訪問はわたしにとっては、嬉しさよりも遥かに恥ずかしさが先立った。ところが彼女はそんなわたしをかえって面白がり、からかうかのように、表通りを自転車で下校する友人たちを見つけると、庭先の石の上に立ち上がって塀越しに、誰彼の区別なしに手を振って、「○○さ～ん、さよ～なら～」と大声で呼ばわるのだ。わたしはそのたびに冷や汗三斗、頭の上まで布団をかぶった。

しかし、その後も尿の蛋白は一向に消えなかった。ちょうど三ヶ月が過ぎたころ、それまで欠席扱いをお願いしていた学校に、やむなく休学届けを出すことにした。それを聞きつけて突然訪ねてきたK君は、わたしの顔を見るなり激しく詰問した。

「なんで学校止めるんや⁉　なんで休学なんや⁉」

わたしは答えられなかった。ぼくだって学校に行きたい！　今すぐにだって行きたい！　だが行かれないのだ。

「バカ！」

「バカ！」

重苦しい沈黙がK君とわたしの間に気まずく澱《よど》んだ。

「もうお前とは絶交や！」

わたしは思わず彼の理不尽さに布団をかぶって嗚咽《おえつ》した。不器用な彼のことばの裏に、実はK君の深い深い友情と悲しみがあることに、わたしは不覚にもその場で直ぐには分からなかったのだ。

わたしの病気は長引いた。塩分を極力控え、ほとんど酢だけで味付けした食事が毎日続いた。勧める人があって無塩醤油なるものも試みたが、まずくてとても食べられた代物《しろもの》ではなかった。

その間わたしの腎炎（急性糸球体腎炎）は慢性化して三ヶ月は一年となり、二年となった。

そして二年が経ったころ、県立岡山病院で、いまで言う人間ドックに入り精密検査を受けることになった。その結果、腎炎の方は起立性蛋白尿としてまだ残っているものの、徐々に生活を日常に戻して様子を見ようということになった。

「しかし、……」

と、担当の年配のお医者さんは言葉を継いだ。

「腎臓の方はもうこれくらいにして、X線のこの脊柱《せきちゅう》の歪みと曇りのカゲの方がもっと心配です。脊椎《せきつい》カリエスの疑いがあるので、寧《むし》ろそちらの経過観察の方が必要です。手のしびれとかはありませんか」

なるほどレントゲン写真に写し出されたわたしの背骨は、五、六番目の脊椎が少し下に崩れて狭くなり、その周囲にぼんやりと白いカゲが広がっている。

早速その場でギプスベッドを作ることになった。午後になって若手の医師と若い看護師たちが、前日に観た映画の話をしたりして笑い合いながら、ベッドにうつ伏せになったわたしの背中に、冷たい濡れたガーゼを貼り付けてはその上に白い石膏を塗っていった。

「このベッドにぼくはこれから先何年寝ることになるかもしれない、というのに……」

背中に冷たく厚い壁が段々出来上がってゆくのを感じながら、わたしは心の中で彼らのその無神経さに少し腹を立てていた。

　こうして出来上がったわたしの白いトルソ、それはまさしく亀の甲羅だった。

それからさらに一年半余り、トイレに立つ以外はひっくり返されて甲羅を下にした亀同然、その白く固いトルソの中で終日天井を仰いだまま、床ずれを繰り返しながら絶対安静の日々を送った。

　食事の方は、当時保育園長を務めて忙しく立ち働いていた母に代わって、主に祖母が少しばかりの醤油を使って食事を作ってくれた。その食器を載せたトレイを胸に載せたままの食事。汁物のスプーンがカチリと歯によく当たり、そのたびに汁はタラタラと首筋を伝って流れ落ちた。ただでさえ食欲のないわたしは、そのたびに一層食欲をなくしていった。

　こうして腎炎とカリエスによる絶対安静の期間もようやく三年余りが過ぎ、白い石膏のトルソから起き上がることが許されるときが訪れた。すると母は爆発したかのように、祖母とわたしの目の前で、その白いトルソを庭の敷石目がけて思い切り投げつけた。トルソは真っ二つに割れた。そのときわたしは初めて、母のそれまで堪えてきた悲しみの深さを知って涙をこらえることができなかった。母の悲しみはわたしの病床の苦痛を遥かに超えるものだったのだ。

　しかし、次にわたしを待っていたのは、脊柱に懸かる上半身の体重の負荷を腰の骨盤で受け止めるために、わたし用に特注して作られた金属製のコルセットを着用することだった。漸《ようや》く立ち上がって平常の日常生活に向けて復帰し始めたものの、前後左右で上半身を支えるコルセットの金具を腰で固定しているため、前屈みになることはおろか、椅子に座ることもままならない。直立不動の姿勢のままおずおずと椅子にお尻を着けた途端、今度はコルセットが脇の下から突き上げるやら、金具がぐいぐいと腰に食い込むやら、ズキズキとその痛いこと痛いこと、このコルセットに慣れるのがまた一苦労だった。

井山宝福寺に駆け込んだのは、そうした生活を始めて間もないころのことだった。しかしやっと応対に出てきた雲水《うんすい》は、

「いま師匠は不在です。お引き取り下さい」

と、にべもない。師匠を求めて禅寺に掛搭《かとう》（道場入り、掛錫《かしゃく》とも）するには一定の作法があることなど、ごく普通の一般家庭に育った在家のわたしには、何の知識もない。どんなに懇願しても、雲水は同じ返事を繰り返すばかり。そこでわたしは翌日も、またその翌日も今度は毛布を持ち込んで庫裡《くり》の上がりがまち（框）の隅の土間に座り込んだ。のちに知ったことだが、旦《たん》過詰《がづ》め（庫裡の端にある旦過寮《たんがりょう》とよばれる暗くカビ臭い小部屋での三日間のカン詰）こそなかったものの、これは庭詰《にわづ》めとよばれる入門の第一関門だった。

岡山県総社市にある臨済宗東福寺派専門道場・井山宝福寺の本堂

こうして座り込みを続けること三日、やっとお許しを得て招じ入れられた老師の方丈《ほうじょう》（居室）。挨拶することはおろか、わたしはただただあふれる涙を拭うのが精一杯だった。ことばにならなかった。老師が折角点《た》てて下さったお点前《てまえ》も、とても口に運ぶことはできなかった。

尋ねたいことが一杯胸に溢れて苦しかった。その最たるものは、一瞬にして瓦解していくような、砂上の楼閣にも等しいこれまで通りの学校の勉強に対する疑問があった。不信があった。ましてや再び受験のための勉強をすることなど耐えられない。イヤだ。そんなことより何よりも、これから先何を心の支えとし、何を頼りとして生きていったらいいのか？　本当にわたしの支えとなるものは何か？　それを得るためにはどうしたらいいのか？……。

しかし、どんなにもがき、また何を尋ねても、師

匠、忘路庵《ぼうろあん》・岡田熙道《きどう》老師の答えはただ一つ、

「随処《ずいしょ》に主《しゅ》となれ！」（随処作主）

の一言だった。

その後も老師の方丈に招じ入れられるたびに、お点前を前にして、わたしは

「分かりません。分かりません！」

と何度繰り返し、必死で老師に食い下がったことだろう。

「ぼくは主《しゅ》になどなりたくありません！」

たかだか田舎の一高校生が、たまたま学期初めの全校の一斉テストで、英語や生物といった個々の科目でトップになり表彰されたからといって、それがわたしにとって一体どんな意味があったというのか、わたしの支えになったというのか。病いが長引いて半年も経たないうちに、

英語や数学の少々の知識など雲散霧消して、残されたものといえば、潰《つい》えた背骨をコルセットの上に横たえた、痩せ細った肉体だけではなかったか。当時のわたしはお粗末にも老師の言われる「主《しゅ》」をその程度にしか理解していなかったのだ。本当に自分の支えとなるものは何か、真に頼れるものとは？　もう学校なんかイヤ、ただただイヤだ、……と。

そうした五里霧中のなかで暗中模索していた、寒風の吹きすさぶ二月のある夜、わたしは前夜に続いて夜坐（日没後の夜の坐禅）に出て本堂の回廊に坐り続けていた。寒風はますます吹き募り、身体中が無感覚となり、ガラスのように透明に感じられ始めたころだった。人の気配がして、老師がわたしの横にそっと並んで坐って下さった。深い沈黙のなかで、

「そんなにも分からないか。そんなにもむつかしいか」

老師の声をわたしは心のなかに聞いた。

わたしたちはなおも並んで坐った。やがてわたしの両の目からまたしてもはらはらと涙が頬を伝って流れ落ちた。わたしは流れ落ちるに任せなおも坐り続けた。

冒頭の一句はそのときのものである。

やがてわたしの禅修行も、生きる糧を得るためには進学もやむをえないことかもしれないと、不純な妥協をして中断、余り気も進まないままに京都で大学生活を送ることになった。しかし、自分のような身もこころも貧しい人間がこのまま生きていていいのか、人人《にんにん》（一人ひとり）に生来具《そな》わっているという仏性《ぶっしょう》とは何か？　その仏性への覚醒は、わたしのような人間にも果たして可能なのか？　そのためにはこんな自分でも生きていていいのだという「赦し」がほしい。「確信」がほしい。

京都へ出発するに当たって、わたしはこうした疑問を長文にしたためて、忘路庵・岡田熙道老師のもとに送った。昭和三四年（一九五九）四月一一日のことである。そしてその返事を何日も何日も待った。しかし老師からは何の返事も返って来なかった。なしのつぶてだった。悲しく苦しい日がその後も長く続いた。

しかし、老師のこの不親切こそが、実はわたしに対する老師の徹悃《てっこん》の親切だったのだと、のちにうなずくことができるようになるまでには、わたしには更に長い年月が必要だった。

その当時、毎日新聞が学生を対象とした「紙上フォーラム」を設け、幸福をテーマに取り上げた。理念的、観念論的幸福論の多いなかに、わたしの幸福論は病床の呻吟録として採用された。少し長くなるが、以下に抄録しておきたい。

私は過去三ヵ年の病床生活を通じ、幸福には遠い人間として周囲の人々から指摘されて来た。初めのうちは、この指摘に対してははなはだ心穏かならぬものを感じ、時には語気も荒々しくフンマンをぶちまけたこともあった。しかし年月の流れは病者にとっても、自ら幸を求めうることの可能なことを知らせてくれた。

病者は、往々にして現在の苦悩を忘れる手段として過去の思い出にふけり勝ちである。それはしかし、未来に生きようとする私どもの世代にとっては許されないことであろう。その夢から覚めた時のやり場のない絶望感は必然的に現在への愚痴となった。それが私を弱くした。女々《めめ》しくした。そこから生れる涙は私を向上させてはくれなかった。むしろ不平不満家への資質に拍車をさえかけた。かつては自分の学園における地位を位置づけていた学力も、病《やまい》の前にはその実体をさらけ出し、高慢のベールを脱いでもろくも崩れ去ってしまった。今や私に残されたものは、ついえた骨をもった病軀《びょうく》だけであった。（私はカリエスだった）

人はそのどん底に沈潜すると、しばらく平静の続くものらしい。その平静と絶望はその後も交互に私を苦しめたけれども、そこから新しく出直して謙虚な、そして真に頼るに足る実力を、その基礎からもう一度築こうと思った時、やっと一縷《いちる》の望みの光がほの見える思いがした。しかしそのためには、これまでの一切の自分を棄て去って、現実に徹することが必要であった。そして何よりもまず「善意」が要請された。現実を素直に見、善意に解釈する時、どん底にしてどん底でない自分を感ずるのである。

幸福の前には詮議だては敵である。それは決して善意には働いてくれない。自分がどんなに貧しくつまらぬ人間であろうとも、自己の力の中に安住し、決して疑わないことである。そのために自分への評価がたとえ地に落ちようとも自分の赤裸々な姿はこうなのだと明察することである。その時本当の安心が生れる。これこそ幸福の礎であり、この上にこそ各人の努力がそれぞれの幸福の花を開かせることができる。幸福の有資格者はこの「現実を素直に見、善意に解釈し、現在に生きる」人間だと私は今にして思うのである。

（昭和三一（一九五六）年五月八日付毎日新聞朝刊）

傘寿を迎えたいま、再びこの一文を読み返してみても、それほど間違ってはいないように思う。否、いまの自分よりももっと純粋であったような気さえする。

そして若い日、あれほど苦しめられた「随処作主」（随処《ずいしょ》に主《しゅ》となれ）とは他でもない、一切の外境に振り回されない「一無位《むい》の真人《しんにん》」（どのような位にも属さない絶対の自由人。真実の自己。本具《ほんぐ》の仏性《ぶっしょう》に目覚めた人）になること、すなわち、金銭や財物などの目に見えるものから、子や孫といった係累は勿論、自分の技能や資格、さらには社会的地位や身分といった目に見えないものも含め、およそ「わたしのもの」といった一切の囚われや自己意識（小我《しょうが》）から解き放たれた、空っぽの自己（大我《だいが》）に立ち返ること。それはまたわれわれ一人一人が包まれてあるこの大いなる宇宙の生命《いのち》と一つとなり、そのなかに包み取られて「生かされて在ることへの一杯の感謝」と言っていい。その感謝一杯のなかで、初めてわれわれは自ずからエゴ（我執）から解放され、「自足」（足るを知る）を生きる真の「自由」（一無位の真人に立つ自らの自由）を得ることができるのだ。

それは何も特別なことではなく、「等身大の自分」、「ありのままの自分」の「日常」を「素直に誠実に精一杯」生きることに他ならない。

いま改めて道元《どうげん》（一二〇〇～五三。日本曹洞宗の開祖。諱《いみな》希玄。福井県永平寺の開山）の『正《しょう》法眼蔵《ぼうげんぞう》』中の現成公按《げんじょうこうあん》（眼前に現われているものが、そのままの相において絶対の真理であるの意）のなかのよく知られた次の一節が沁みじみとうなずかれてくる。

> 仏道をならふといふは自己をならふ也。自己をならふといふは自己をわするゝなり。自己をわするゝといふは、万法《ばんぽう》に証《しょう》せらるゝなり。万法に証せらるゝといふは、自己の身心および他己《たこ》の身心をして脱落《とつらく》せしむるなり。
>
> 悟迹《ごしゃく》の休歇《きゅうけつ》なるあり、休歇なる悟迹を長々出《ちょうちょうしゅつ》ならしむ。

休歇《きゅうけつ》なる悟迹《ごしゃく》を長々出ならしむとは、自らに「与えられた位」に住して、この「等身大の自分」を常に生き続けてゆくことにほかなるまい。さらに道元は続ける。

自己をはこびて万法《ばんぽう》を修証《しゅしょう》するを迷《まよい》とす、万法すゝみて自己を修証するはさとりなり。

まさに道元の言うとおりではないか。「生きる」とは自分が万法《ばんぽう》（宇宙の真理）の体現者となって生きること、否、すでにそうした自己意識の前に体現者としての自分が「いま現にここに存在」しているではないか。これは紛れもない事実なのだ。万法一如《いちにょ》なのだ。

だが、こうした事実を自らの体験のうちに求め、自らうなずき、そして何よりも禅のもつこの「不親切」こそが、実はわたしに対する徹悃《てっこん》の「親切」だったのだと自覚できるようになるまでには、先述のとおり、実に多くの歳月と涙がわたしには必要だった。

恩師、忘路庵・岡田熙道老師が、絶えず

「随処《ずいしょ》に主《しゅ》となれ！」

とわたしを叱咤して下さった一句は、実は『臨済録《りんざいろく》』示衆《じしゅ》のなかの有名な一句、

爾《なんじ》、且《しばら》く随処《ずいしょ》に主《しゅ》となれば、立処皆真《りっしょみなしん》なり（爾且随処作主、立処皆真）

朝比奈宗源訳註『臨済録』（岩波文庫、一九八六年、五二頁）

からだったと分かるのは、随分のちのことだったが、この一句はわたしにとってはまさに一転《いってん》語《ご》（心境を一転させる一句）であった。

忘路庵・岡田熙道老師

そして、あれほど健康だった懐かしい二人の友も、わたしに先立ってともに逝ってしまった。今となっては、それもこれも、涙の出るほど懐かしく温かい思い出としてますます鮮明に脳裏に蘇ってくる。

第二節　禅とことば――わたしの禅理解

およそどんな真理や真実も、それを何とかして説明しようとするわれわれ人間のことばを遥かに超えた存在であるに違いない。特に1＋1＝2のような客観的で客体的な真理と違って、火は熱い、氷は冷たい、といった、自らの体験に基づく主体的真理の場合はそうである。しかし、残念ながら、われわれ人間はそれらを理解し、また伝達するために、多くの場合知性や理性に頼り、ことばを用いる以外に有効な手だてをもたない。そこにわれわれ人間の限界があり、もどかしさや哀しさがある。それがさらに宗教的な真理や真実ともなると、一層その感を深くする。親鸞《しんらん》（一一七三～一二六二。浄土真宗の開祖。別名綽空《しゃっくう》・善信《ぜんしん》。諡《おくりな》は見真大師）は晩年八三歳のとき彼の書翰《しょかん》（消息）のなかで、

自力の御《おん》はからひにては真実の報土《ほうど》へ生《うま》るべからざるなり。

と述べている。人間がその浅はかな才覚をはたらかせたくらいでは、とても救いはありえない、との謂《い》いであろう。

また、その弟子・唯円《ゆいえん》は師の親鸞のことばをメモした『歎異抄《たんにしょう》』のなかで、

念仏には、無義《むぎ》をもって義とす。不可称《ふかしょう》・不可説《ふかせつ》・不可思議《ふかしぎ》のゆゑに。（第一〇節）

という親鸞のことばを書き留めている。念仏を唱える（われわれをわれわれたらしめている宇宙の永遠の大生命《いのち》に全身全霊を賭けて呼びかけること）に当たっては、われわれ人間の側の勝手な思いやはからいを棄てること、すなわち無義こそが本義であり、それはことばで言い表わすことも、説くことも、頭であれこれと考え及ぶこともできないものだからだ、というのだ。

真実や真理とよばれるものは、険峻な冬山のように、われわれを峻拒《しゅんきょ》しておきながら、否、峻拒されるがゆえに一層われわれを惹きつけてやまない。

そう言えば、「偽」という字が示しているもの、それはおよそ〝人の為《な》すこと〟（偽）はすべて〝ニセ、いつわり〟（偽）に通じる、虚仮《こけ》（fake）の世界、ということではないのか。してみると、およそ人間の「知性」というものは、それが二元相対による客観的追求にのみはたらくときは、学問の純粋性を高め、文明の発達をもたらす反面、その比較という当然の手法は、

他方、人間の分限の上限を自制的に自ら設けない限り、主観的には「等身大」以上を求めるという「煩悩する自由」に一層拍車をかけることにもなる。その意味で知性はまさに諸刃《もろは》の剣《つるぎ》なのだ。

禅は自己を問う宗教である。自己の仏性《ぶっしょう》（人間に宿る宇宙の永遠の大生命《いのち》。意識以前の実在《もの》。自らの仏《ほとけ》としての本性）の自覚・覚醒を問う宗教である。自己の禅の披瀝、それを措《お》いて他に禅はない。禅には一般論などないのだ。だから自分を埒外《らちがい》に置き、単なる知的理解や知識の問題として禅を論ずることを禅は最も嫌う。現にこのような形で「禅を語る」こと自体、本来慎まなければならないことなのだ。況《いわ》んや悟達の老師でも宗教人でもない一介の市井人においてはなおさらである。

しかし他方、禅に関心を寄せるわたしたち一般の市民に対して、禅道場で日夜粒々《りゅうりゅう》辛苦する雲水《うんすい》たちと同じような修行がないと禅は分からない、などと言われてしまっては、禅はますます凡人には近づき難い、遠い存在になってしまうだろう。それは衆生済度《しゅじょうさいど》（民衆のこころの救済）というおよそ仏教本来のもつ究極の目標から遠ざかることになり、禅にとっても、また禅に関心を寄せる市井の一般の人々にとっても不幸なことであろう。それは宗教としての禅の本意ではあるまい。

わたし自身、禅に触れて以来半世紀余りになる。その関係は親疎ない交ぜて、ほんのうわべをかすっただけの一知半解の素人の浅い体験に過ぎないが、その間わたしは、自らそれを専攻し、かつ学んできた言語学という学問と、この禅との狭間《はざま》のなかで、あるときはこの道を選び、その教育研究を職業としたことをどれほど後悔し、もう言語学など止めてしまおうかと、どれほど悩んだかしれない。わたしは言語学という学問と、自分の禅体験との間で揺れ動き、格闘し、うめき、もがいた。それは無門慧開《むもんえかい》（一一八三～一二六〇。中国杭州（浙江省）銭塘《せんとう》の人。俗姓は梁氏。天龍肱《てんりゅうこう》に参じて出家。禅の問答集である公案《こうあん》を集めた『無門関《むもんかん》』の編著者）の次の一句（頌《じゅ》）に出遭ったとき、最も深刻に私の胸に突き刺さった（『無門関』第三七則「庭前栢樹子《ていぜんのはくじゅし》」。岩波文庫、一四四～五頁）。

言《げん》は事《じ》を展《の》ぶることなく、語は機に投ぜず。
言《げん》を承《う》くる者は喪《そう》し、句に滞《とどこお》る者は迷う。

《ことばというものは、事の真実（悟りの消息）をちゃんと表現して伝えることもできなければ、その（悟りの）機微に触れることもできない。だから言句にこだわり、ことばの穿鑿《せんさく》に明け暮れている限り、悟りの真実は見えて来ないものだ》

（言無展事　語不投機　承言者喪　滞句者迷）

これは恐ろしいことばである。しかし真実である。だが、それが真実だと心底うなずきうるためには、まだまだ長い道のりの格闘や、後悔や、うめきが、わたしには必要だった。

こうして『無門関《むもんかん》』第三七則「庭前栢樹子《ていぜんのはくじゅし》」のこの話《わ》は、「随処《ずいしょ》に主《しゅ》となれ」と並んで、以後わたしの生涯に亘る公案（禅の問い）となった。

禅とことば、しかもわたしは言語学徒として、ことばの研究を職業として選んでしまったのだ。この互いに矛盾する二つの命題を自分の体内に呑み込んでしまったのだ。それは先に述べた通り、まるで〝熱鉄丸《ねってつがん》〟（真っ赤に灼《や》けた鉄の塊り）を呑み込んだように、呑むに呑み込まれず、吐くに吐き出せず、こうしてこの二つの矛盾を抱えたまま、わたしは何とか自分のなかで折り合いを着けよう、またアウフヘーベン（止揚《しよう》、aufheben）したいと藻掻《もが》きながら、傘寿《さんじゅ》の今日に至るまでこの二律背反を生きてきた。

禅の語録に頻出する「無」や「不」は、単なるゼロや否定ではなく、二元的分別《ふんべつ》の心（二元的分別心）を超えること。超絶（transcend）。長いトンネルを暗いからといって引き返すのではなく、暗闘の果てに見えてくるに違いない光りを信じて、なおも歩み続けること。その徹底の果ての「なーんだ」といった安堵感を得るに至るまでには、まだまだ先の見えない長く遠い道のりがあった。必要だった。

だが、無門慧開《むもんえかい》のこの頌《じゅ》は、禅が、まさに教外別伝《きょうげべつでん》・不立文字《ふりゅうもんじ》を標榜する「はたらき」であることを闡明《せんめい》して余りある。しかもこの一句が、唐代の禅者・洞山守初《とうざんしゅしょ》（九一〇〜九〇）の上堂《じょうどう》語であってみれば尚更のことである（この一句が一問僧に対する答話ではなく、洞山が法堂《はっとう》に上って修行僧全員を前に説き語った説法中の一句であることは、『碧巌録《へきがんろく》』第一二則「洞山麻三斤」中、雪竇《せっちょう》重顕《じゅうけん》の頌《じゅ》に付された圜悟克勤《えんごこくごん》の評唱の中にも述べられている）。『無門関』を一つの文学作品として見るなら、これは明らかに無門慧開による洞山守初の作品盗用、すなわち剽窃《ひょうせつ》である。しかし「一回挙《こ》せ（提示する）ば一回新たなり」を標榜し、禅の悟りの「真実」底《てい》を瞬時に表白する禅の語録にあっては、この種の行為は屡々《しばしば》散見されるもので、剽窃とならないばかりか、無門慧開が自らを開陳した彼自身のことば、否、即今《そっこん》その場の無門慧開の「禅の端《たん》的《てき》」（全人格の丸出し）そのものであり、それは同時に彼の火を吐くほどの徹悃《てっこん》の親切心の発露でもあるのだ。

　この点で禅における「剽窃」は、作曲家の作品と演奏家の演奏にでもなぞらえられようか。例えば、同じショパンのノクターン（夜想曲）変ホ長調（作品9−2）であっても、二〇世紀の「ショパン弾き」の名手と讃えられたサンソン・フランソワ（Samson François, 一九二四〜七〇）の弾くショパンと、日本を代表するピアニストであった中村紘子（一九四四〜二〇一六）の演奏するショパンとでは、同じショパンの楽譜を借りておりながら、二人の演奏家の間で大きく異なっている。それこそ両者それぞれに異なる強烈な個性と音楽性の発露に他ならず、同時にショパンそのものなのだ。演奏家不在のまま自動的に何度も繰り返される、電動ピアノの機械的で無機質な演奏との決定的な違いだ。

ことばもまた同様。言句は借り物であり、真理を載せる器、つまり真理を伝える手だてであって、真理そのものではない。だからこそまたその逆の事態も当然起こりうる。古来「口唇《くしん》皮禅《ぴぜん》」（唇上に光を発すると言われるほどに機鋒の鋭い禅）として知られる唐代の大禅匠・趙《じょう》州従諗《しゅうじゅうしん》（七七八〜八九七）の法嗣《はっす》であった覚鉄觜《かくてっし》（江蘇省揚州の光孝院に住した慧覚《えかく》禅師。生没年不詳）が、ある日江西省臨川の崇寿院を訪ねたときのこと。院主の法眼文益《ほうげんもんえき》から「承《うけたまわ》るところでは趙州には『庭前《ていぜん》の栢樹子《はくじゅし》の話《わ》』があると聞き及んでいるがまことか」と聞かれた彼は、即座に「なし」ときっぱり否定した上で、さらに畳みかけるように「先師（趙州《じょうしゅう》）実にこの語なし。和尚（法眼文益）、先師を謗《ぼう》ずること莫《な》くんば好《よ》し」と応じている（今枝愛眞監修『五灯会元《ごとうえげん》』（琳琅閣書店、一九七七年）巻四、趙州（従《じゅう》）諗《しん》禅師法嗣項中、七八〜九頁）。

他方、日本の禅宗の大きな一派である臨済宗《りんざいしゅう》の開祖・臨済義玄《りんざいぎげん》（？〜八六七。中国唐代の趙州と並ぶ大禅匠。黄檗希運《おうばくきうん》の法嗣。山東省の人。俗姓は邢《けい》氏。義玄は諱《いみな》）もまた、この間の消息を弟子たちにつぎのように喝破する。

道流《どうる》、文字の中に向かって求むることなかれ。（道流、莫向文字中求）

《お前たち、テキスト（経典）の文字の中に向かって求めることを止めよ》
『臨済録《りんざいろく》』示衆《じしゅ》（岩波文庫、一二三頁）

と。

人間を人間たらしめているはずの「ことば」を、さらにもっと根源的には、この「ことば」を駆使して対象を観察し、分節化し、分析的に把握しようとする、われわれ人間の知性の営み、すなわちこの知性による二元的・相対的な分別心《ふんべつしん》を、禅はその根底から粉砕してやまないのだ。[註1]

およそここでは、いわゆる「学問的」常識や、それに基づく「客観的で学問的」な探究は峻拒される。われわれ一人一人（禅的には人人《にんにん》）を取り巻く世界は、常にとどまることのない「無常」で動的な「はたらき」の展開する事実の如々《にょにょ》たる実相そのものであり、その「はたらき」を客観的に観察・分節して静的に「陳述する」ことは、「事実の真実」と余りにもかけ離れることになるからだ。この「事実の真実」に対する人人《にんにん》（わたしたち一人ひとり）それぞれの「個」における体験的・実感的把捉《はそく》は、「言語的説明」を遥かに超えて重い。知的理解は、体験的会得《えとく》（身をもって理解すること。体解《たいげ》）には到底及ぶべくもないのだ。

註1　井筒俊彦『意識と本質――精神的東洋を索めて』（岩波書店、一九八三年）は、この分節作用

を鋭く洞察している。

他方、趙州《じょうしゅう》もまた同様に、門下の修行僧たちに向かい、中国禅宗の三祖・鑑智僧璨《かんちそうさん》（?～六〇六）の『信心銘』の中からの一句をそのまま提示して、「至道《しいどう》難きことなし。ただ揀択《けんじゃく》を嫌う。わずかに語言あれば、これ揀択、これ明白《めいばく》」（至道無難、唯嫌揀択。纔有語言、是揀択、是明白）。真理の道（悟り）は少しも難しいことではない。ただ「選《え》り好《この》み」（分別意識）をしないことだ。少しでもことばや文字にこだわって表現について回ると、たちまち二元相対の分別心の世界に陥ってしまう、と説法している。

『碧巌録《へきがんろく》』第二則、本則

第二章　わたしの理解する禅の諸特性

——語録のなかの落ち穂拾い

いま仏教の要諦《ようたい》とでもいうべきものを一知半解のまま誤解を恐れずに言えば、生物・無生物にかかわらず、この宇宙世界の一切の存在を「これある故に彼あり、彼ある故にわれあり」という直接・間接のもろもろの「縁起」（因と縁の諸条件）とよばれる諸関係の広大なネットワークのなかに捉えて、個々の存在はその諸関係の中で生起する一時的・現象的存在に過ぎず、従ってそれ自体には恒久的な実体はなく、「縁起なるが故に無自性《むじしょう》・空《くう》」であると観ずるこの一点、すなわち「諸行無常《しょぎょうむじょう》、諸法無我《しょほうむが》」に集約されよう。ことばを代えれば、われわれは「衆縁和合《しゅえんわごう》」という関係性のネットワークの中に生かされている一過性の存在にすぎない。先の人人本具《にんにんほんぐ》といわれる仏性《ぶっしょう》（人びとのうちに宿る宇宙の永遠の大生命《いのち》）も、この「無自性・空」の一点に目覚める（覚醒する）ことに尽きる。

しかし、われわれ人間存在は、残念ながら個体の誕生と同時に智恵の実（人間の意識の源《みなもと》）を食べてエデンの園を追放されたという宿命をもつ。リンゴの実を食べて自らを「恥ずかしい」と思う感情は、少なくとも仏教的には、すでに自分を他と区別する自己意識がそこに兆《きざ》していることを意味している。

この自他を分かつ二元的分別《ふんべつ》意識が、仏教ではわれわれ人間存在の根源的な悩み、すなわち煩悩の根源だと考えられている。なぜなら誕生と共に生起し、徐々に増長強化してゆくこの自己意識は、すべてを「自分」という存在に照準を合わせ、自分の目を通して見た世界――それは実はエゴの世界にほかならないのだが――を唯一の真実と錯覚し、無意識のうちに「自分」の評価を基準にして、他を区別して考える傾向をもってくるからである。「分別」とはまさにこれである。

この結果、人間は、屡々《しばしば》この広大無辺の「縁起」というネットワークの世界の中に捉えられ、生かされているという事実を忘れがちになる。

しかし、一歩下がって考えると、人間を含め一切の存在は、その誕生とともにフィジカルな形体（肉体）を与えられる。そしてこのこと自体、すでにそこに自他の別が歴然として存在することを示している。しかも、このフィジカルな二元的対立のありようが、人間の成長とともに、そのまま精神のありようをも規定し、さらにそれを強化・支配してゆく現実のあることを仏教は直視する。そしてそれを「悲しみ」の眼差《まなざ》し（慈悲）で包み込み、少なくとも心性《しんしょう》の世界では、この自己意識をいま一度わたしたち（わたし）の誕生以前の一元的無分別の世界に立ち戻らせ、その上でこの二元相対の現実世界に、改めてわたしたち個々人を解き放とうと試みているように思われる。一元的世界にいま一度立ち還ること、それがすなわち人人本具《にんにんほんぐ》の仏《ぶっ》性《しょう》（人間に内在する宇宙の永遠の大生命《いのち》）に目覚めさせることになるからだ。

従って、仏教的見方、否、広く東洋的な見方からすれば、一見カオス然として見えるこの世界も、実は無秩序で混沌が支配するだけのネガティブな世界ではなく、生と死を包み込んだ一切の生命の根源、創造的世界を指す。すなわち人間の目には混沌と映るカオスの世界も、実は多種多様の生命体が相互に関連し合い生かし合っている世界であり、それはそのまま一つの調和ある大きな生命体を形成しているのだ。その意味でこのカオスの世界は、実は真如《しんにょ》（真実の姿。普遍の真理）そのものであり、自他一如《いちにょ》、生死一如《しょうじいちにょ》の時々刻々流れて止まない宇宙のダイナミズムの実相そのものに他ならない。すべての存在は宇宙の欠くことのできないいわば一個の細胞であり、全体として宇宙という一つの大きな生命体を形成しているのだ。

いまこうした仏教観を少し禅の世界に近づけて考えてみたい。

第一節　意識以前の世界への初期化と回帰——衆生本来仏《しゅじょうほんらいほとけ》なり

あかんぼは　なぜに　あん　あん　あん　あん　なくんだろうか（中略）
よんでるんだよ　かみさまをよんでるんだよ

八木重吉（一八九八～一九二七）『定本　八木重吉詩集』（彌生書房、一九六一年）

"I see God in every human being. When I wash the leper's wounds, I feel I am nursing the Lord himself. Is it not a beautiful experience?" Mother Teresa

《わたしはすべての人の中に神さまが住んでいらっしゃると思うのです。ハンセン氏病の方の傷口を洗って差し上げているとき、わたしは主なる神さまのお世話をさせて頂いているように感じられるのです。これって素敵な体験だと思いませんか？》

マザー・テレサ（一九一〇～九七）、一九七九年度ノーベル平和賞受賞者

神は自分のかたちに人を創造された。すなわち、神のかたちに創造し、男と女に創造され

た。

『旧約聖書』創世記、第一章第二七節

人として生きるには
いつも始源《はじまり》の、「一」の近くに居るがいい……
ピカピカ光る石みたいになろうとせずに
ゴロタ石でいることだ

加島祥造（一九二三〜二〇一五）「五郎太石《ごろたいし》でいればいい」『タオ―老子』筑摩書房、二〇〇〇年

You are good when you are one with "yourself".
《あなたの素晴らしさは、あなたが内なる自己と一体となったときに現われる》

Khalil Gibran（1883-1931）*The Prophet*（1923）

幼児よ
おまえのように
本気で

わらえたらなあ
おこれたらなあ
あとになにも残さないから
できるんだな

河野進（一九〇四〜九〇）、「玉島の良寛さま」と親しまれた玉島教会名誉牧師、詩人
「ほんき」『ぞうさん』（幻冬舎、二〇一三年）

主は問われる
「何を望むか」
「謙虚を」
「つぎに何を」
「親切を」
「さらに何を」
「無名を」
「よかろう」

河野進

いまも、多くの禅宗寺院で唱えられる経文の一つに、『座禅和讃《わさん》』という親しみ易く分かり易い和文の経文がある。全文二二行、四四句からなる短いもので、禅宗の要諦《ようたい》を説いたものである。これは「白隠《はくいん》さん」とよばれて、多くの日本人に親しまれてきた、日本における臨済禅《りんざいぜん》の中興《ちゅうこう》の祖、白隠慧鶴《はくいんえかく》（一六八五〜一七六八）の著わしたものであるが、この短い経文をさらに短くまとめると、次の二行四句に凝縮されるという。

衆生《しゅじょう》本来仏《ほとけ》なり（第一句）　直《じき》に自性《じしょう》を証《しょう》すれば（第三〇句）
当処《とうしょ》即ち蓮華国《れんげこく》（第四三句）　此の身即ち仏《ほとけ》なり（第四四句）

われわれ一人ひとりはいわば数学でいう自然数（プラスの整数）にも喩《たと》えられよう。一人ひとりはそれぞれ違った自然数。それでいてどの自然数も、みな分母の「1」の上に乗っかっている。「直《じき》に自性《じしょう》を証《しょう》する」とは、この分母の「1」に気づくこと、皆それぞれ違った個性をもった分子でありながら、皆同じこの「1」に支えられている事実に目覚めること。この「1」こそすべての自然数を支える「宇宙の大いなる生命《いのち》」、わたしたちすべてを包む「1」である。わたし自身の「帰一《きいつ》」の始まりである。

わたしは、この経文を唱えるたびに、また読むたびに思い出す。それは京都府宇治市にある黄檗山萬福寺《おうばくさんまんぷくじ》の大雄宝殿《だいゆうほうでん》に安置されている十八羅漢《らかん》のひとり、羅睺羅《らごら》尊者の坐像である。羅睺羅は釈迦の十大弟子のひとりで、密行第一《みつぎょうだいいち》（仏法の戒律を最もよく守って修行すること）として知られる。彼は釈迦の出家以前の実子（ひとり息子）と考えられている人物であるが、寛文三（一六六三）年に造立された、中国人仏師、范道生《はんどうせい》の作になるというこの羅睺羅像は、大きく長いインド人特有の頭頂をもち、一見怖い異形《いぎょう》の形相《ぎょうそう》をしているが、さらに特徴的なのは、彼が自らの胸を両手で切り裂いて、その中に小さな仏頭をのぞかせているところである。

羅睺羅は、釈迦が成道《じょうどう》（悟りを開いて仏になること）後に釈迦族を訪ねたとき出家して、二〇歳で具足戒《ぐそくかい》（出家者の守るべき戒律）を受け、その後修行を完成して羅漢《らかん》（仏弟子の最高位。阿羅漢）となった人物。沙弥《しゃみ》（出家したばかりの見習い僧）のころには色々不行跡《ふぎょうせき》もあったようであるが、のちによく訓戒を守り、同じく釈迦十大弟子の一人で神通《じんずう》第一（第一の超能力者）といわれる目連《もくれん》（目犍連《もっけんれん》とも）の指導のもとに、一途に修行に専念して密行第一とよばれるまでになった。そうした人物であったからこそ、切り開かれた彼の胸に小さく覗いているこの仏頭は、前述の『座禅和讃』の二行四句、「煩悩即菩提」の禅の要諦を、まさに羅睺羅自身がわれわれの前に実践して示してくれた姿として殊のほか興味深い。

同様のことが民衆歌として詠われているのが、後白河院の撰述に成る『梁塵秘抄《りょうじんひしょう》』のなかの次の今様《いまよう》（平安中期に起こった七五調四句の流行歌謡）である。

ほとけも昔は人なりき
われらも終《つい》にはほとけなり
三身仏性　具《ぐ》せる身と
知らざりけるこそあはれなれ

宇治市黄檗山萬福禅寺大雄宝殿内の羅睺羅尊者坐像（范道生作）

羅睺羅尊者坐像（部分）

《釈迦も昔はただの人、われらも悟れば仏さま。もともと仏性もちながら気づかぬ凡夫のかなしさよ》

『梁塵秘抄』巻第二、二三二

今様は平安末期の流行歌ともいうべきもので、それだけに当時の一般民衆のいまに通じる哀切な凡夫の心象風景をうたい上げている。

一方、『旧約聖書』の創世記から引用した冒頭句には、その前に「われわれのかたちに、われわれにかたどって人を造り、これに海の魚と、空の鳥と、家畜と、地のすべての獣と、地のすべての這うものとを治めさせよう」という創造主の神のことばが先行する。

自己のうちなる仏性の凝視、言い換えれば自分のヘソを見据えて、その中に自己の真実の姿を見出そうとする仏教の姿勢に対して、旧約の聖書の世界では、宇宙の創造主・神を頂点として、その被造物たる人間が続き、さらにその人間を頂点として他の一切の生き物を支配する、ピラミッド型の西欧的な階層世界（ヒエラルキー）の宇宙観が展開する。

こうした聖書的宇宙観は、人間優位ですべてに経済効果が優先し、環境破壊がますます深刻化する今日の地球の悲惨な現実を見るにつけ、デカルト的西欧近代文明と並んで大いに議論の余地なしとしないが、この東西の生命観、宇宙観の違いは、いわば天空の星を望む望遠鏡と、微生物のいのちの生態を知ろうとその細胞を覗く顕微鏡との違いとでも言えようか。ただ両者を人間（の行為）のレベルで見る限り、前者はこうした人間の専横（tyranny）に、後者は身内主義（nepotism）からくる民族・国家エゴ（natonalism）に、それぞれ陥りやすいという誘惑（危険性）を孕んでいるようにも思われる。

しかし、一見方向性を全く異にするように見えながら、このいのちの不思議を包む宇宙の真理を渇仰する姿勢に両者の違いはないであろう。先にあげた二〇世紀の聖者マザー・テレサの「わたしはすべての人の中に神さまが住んでいらっしゃると思うのです」ということばがそれを如実に物語る。事実聖書においても、パウロはガラテヤ人に宛てた手紙のなかで、つぎのように述べている。

わたしは、神に生きるために、律法によって律法に死んだ。わたしはキリストと共に十字架につけられた。生きているのは、もはや、わたしではない。キリストが、わたしのうちに生きておられるのである。

『新約聖書』ガラテヤ人への手紙、第二章第一九～二〇節

人間に本来具《そな》わっているはずの仏性（人人本具《にんにんほんぐ》の仏性）といい、神にかたどって創られた人

間ならば、その人間に内在しているはずの神性は、人間の自己認識以前の無意識の事実として具《そな》わっているものに違いない。いまなお世界各国で愛され読まれているレバノン生まれの詩人、カリール・ジブラーン（Kahlil Gibran, 1883-1931）が「あなたは自分自身と一つになったとき善《よ》きものである」と言うとき、その自分自身とは自己のうちなる神性ないし仏性に等しいであろう。

それを、詩人・八木重吉は、冒頭の一節句にみるように、アンアンと泣く赤ん坊の泣き声のなかに見出して、彼は次のようにうたうのである。

さて
あかんぼは
なぜに　あん　あん　あん　あん　なくんだろうか

ほんとに
うるせいよ
あん　あん　あん　あん
あん　あん　あん　あん

うるさか　ないよ
うるさか　ないよ
よんでるんだよ

かみさまをよんでるんだよ
みんなもよびな
あんなに　しっっこくよびな

禅でしばしば説かれる「父母未生《ぶもみしょう》以前の本来《ほんらい》の面目《めんもく》」（人人《にんにん》が本来具《そな》えている真実の姿[註1]）、また「絶対無差別境」（二元相対を超えた絶対平等の境地）は、この「あん、あん」という泣き声そのものなのだ。赤ん坊の可愛らしさ、いとしさは、この神性（仏性）丸出しの「あん、あん」にある。「うるさい」と感じるのは、意識を持ってしまった人間、大人の「かなしさ」に他ならない。まさしく赤ん坊の姿は、エデンの園に置かれたアダムとイヴが、園中央の禁断の木の実・リンゴを食べて自己意識が生まれる前、楽園追放以前の姿なのだ。

註1　道元『正法眼蔵』、渓声山色の段参照。

第二節　差別のなかの平等地――把住《はじゅう》（否定世界《ゼロ》への志向）と放行《ほうぎょう》（肯定の現実世界《ありのまま》への回帰）

菊を採《と》る東籬《とうり》の下《もと》　悠然として南山《なんざん》を見る　山の気は日夕《にっせき》によく
飛鳥《ひちょう》相与《とも》に還る　この中に真意《まことのこころ》あり　弁ぜんと欲して已《すで》に言《げん》を忘る
《東の垣根のもとで菊を育てたり、のんびり南山（廬山《ろざん》）を眺めたりしている。
山の気配は夕方が特に素晴らしく、鳥が連れ立ってねぐらに帰ってゆく。
こうした暮らしの中にこそ人生の真実はあるのだ。説明しようにももう言葉がない》
（採菊東籬下　悠然見南山　山気日夕佳　飛鳥相与還　此中有真意　欲弁已忘言）

陶淵明（三六五～四二七）「飲酒」

無方　無時　無距離　砂漠の夜が明けて
天の贄《ぜい》　地の贄《ぜい》　雪に日が射して

津田清子（一九二〇～二〇一五）『無方　句集』（一九九九年）

中国宋代の禅僧、廓庵師遠《かくあんしおん》（年代不詳。湖南省梁山に住す）の作とされる『十牛図《じゅうぎゅうず》』は、仏《ぶっ》性《しょう》（仏《ほとけ》としての自分の本性、無の自己）を求める禅の修行の階梯を、牧童（求道者）が中国で身近な動物、牛を飼い馴らす過程になぞらえて一〇枚の絵で示す、わが国でも親しまれてきた絵解きによる禅のいわば手引き書であるが、ここには第八段階の「人牛倶忘《にんぎゅうぐぼう》」（自他一如《いちにょ》の一円相《えんそう》の境地）を境として二つの異なる方向性が示されている。牧童が牛（本来人に具《そな》わっている人人本具《にんにんほんぐ》の仏性）を尋ね求め、遂にはその牛と一つになった解脱《げだつ》（無の自己の自覚。悟り）に至る「色即是空《しきそくぜくう》」の平等一元化の方向と、そこ（悟りの世界）から再び「空即是色《くうそくぜしき》」の二元相対の現実世界に回帰する方向との二つである。前者はカオスの根源（宇宙の大生命《いのち》）に至ろうとする平等地を求める世界であり、後者はカオスの現実に立ち戻ろうとする差別回帰の世界である。平等地に向かう上昇志向と、二元相対の差別世界に復帰する下降志向と言っていい。この向上《こうじょう》、向下《こうげ》の異なる方向性は、また菩薩行《ぼさつぎょう》の立場からは上求菩提《じょうぐぼだい》（発心《ほっしん》して菩提、悟りを求める自利行《じりぎょう》）と下化衆生《げけしゅじょう》（衆生救済の利他の慈悲行）とよばれている。

　このように「人牛倶忘《にんぎゅうぐぼう》」（一円相）の平等地は、なるほどわれわれの目指す煩悩を超克した理想の世界（悟り）を示すものであるが、一方そこに留まる限り、それは自己完結的で聖者隠遁的な小乗の世界（個人的解脱）であり、廓庵《かくあん》はそこからさらに現実世界に翻って「入鄽垂手《にってんすいしゅ》」（再び差別の現実世界に帰って、慈悲・愛の手を差しのべる）の大乗的世界への転回（engaged

Buddhism, 仏教の社会への働きかけ）の必要性を説いている点で極めて重要である。

ただし禅の目指す下化衆生は、ここに見られるように、衆生済度《しゅじょうさいど》（一般大衆の救済）という目的意識も消え失《う》せた「父母未生《ぶもみしょう》以前の本来の面目《めんもく》」に発する当然の帰結（自《おの》ずからそうせざるをえない、という結果自然成《けっかじねんじょう》）としての衆生済度（全人的な福祉）であることを理想とする。

こうして禅寺の提唱の席では、最後に会衆ともども合掌して次のような「四弘誓願文《しぐせいがんもん》」を唱えて終わるのが通例である。それは

衆生無辺誓願度《しゅじょうむへんせいがんど》：一切衆生の救済、すなわち世界中の人々の平和を実現することを願い、
煩悩無尽誓願断《ぼんのうむじんせいがんだん》：自らは際限のない欲望の奴隷にならないように努め、
法門無量誓願学《ほうもんむりょうせいがんがく》：はかり知れない深遠な仏《ほとけ》の真理に学び、
仏道無上誓願成《ぶつどうむじょうせいがんじょう》：進んでその体現者（生《い》き仏《ぼとけ》）となって生きることを誓う

というものであるが、その筆頭に「衆生無辺誓願度《しゅじょうむへんせいがんど》」（すべての衆生を救済することを誓う）が挙げられていることに、改めて注目したい。それは今日のように不透明で先の見えない世界にあっては、仏教者の自覚はもちろん、世界中の人々が人類の目標としてこの誓願を広く認識し、わたしたち一人ひとりが真剣に実践しなければならない喫緊の今日的要請だからである。

ところで、先の二つの方向性は、また球と球面上の一点の関係として説かれることがある。球面上の一点は、その一点に留まる限り単なる一点にすぎないが、ひとたび球心に立ち戻れば、そこから球面上のあらゆる点として自在に球面に立ち帰ることができる。この意味で球心は原初、始源の世界であり、「無《ゼロ》」の世界、自然数の分母「1」の世界（$n=\frac{n}{1}$）、先述の「父母《ぶも》未生《しょう》以前」、楽園追放以前のアダムとイヴの世界である。宇宙の大生命《いのち》に触れ「宇宙の鼓動」のなかに溶け入った世界である。

わたしたちの生もまた同様。時空に制限された一点としてこの世に産み落とされるが、ひとたび宇宙の根源的生命に触れて、この「無《ゼロ》」（悟り）の世界に立ち返ることができれば、二元相対のいかなる現実にあっても、時空の制約を超えて自由に現実に立ち向かえるようになるという論理《ことわり》である。前者を「把住《はじゅう》」（向上底《こうじょうてい》）、後者を「放行《ほうぎょう》」（向下底《こうげてい》）といい、それぞれさきの「平等」と「差別」に対応する。禅は公案のなかで、この二つの世界を自在に行き来して自由に説かれるために、わたしたちの目には一見「非論理」的に映る事象や事柄が極めて多い。しかし、禅の立場からすると、法理《ことわり》は「超論理」のなかにも歴然として明白なのだ。

冒頭句では、当初向かい合っていたはずの詩人・陶淵明（三六五～四二七）と、見られている南山（廬山）とが、やがて飛鳥のねぐらに帰る夕景のうちに、いつのまにか一つに融け込んでゆく主客一如《しゅきゃくいちにょ》の世界が展開する。退官後の陶淵明の囚われのない自由の境地。それはことばを超えた無差別・平等底《びょうどうてい》の一元世界だ。

他方、山口誓子《せいし》門下の逸材、津田清子《きよこ》（一九二〇〜二〇一五）の砂漠と雪の世界は、一切が「無」に帰した一元のゼロの世界である。「原初」、「始源」の世界である。そこに射す一条の光芒は、その「無」の世界を透過して、あかつきの相対世界への回帰を詠って鋭い。それはことばを用いながら、ことばによる分析理解を超えて、歌人の直接的、感覚的な実体験の表白だからである。すべてを包摂した直覚と感性の世界、コトバのギリギリのところでそれを掬《すく》い上げた見事さだ。

こうした平等と差別の世界は、のちに第二部で触れる、記号学や言語学でいう type と token の関係に極めて近いように思われる。

第三節　禅の「直示《じきし》」性——指呼《しこ》の真実

生命を恥じる　とりわけ
火に触れた
指を即座に
引っ込めるとき

工藤吉生（仙台市在住）詠。佐佐木幸綱選ＮＨＫ歌壇平成二七年度年間大賞受賞作

大用現前《だいゆうげんぜん》、軌則《きそく》を存せず
《すぐれたはたらきはそこに現前しているもので、規則に囚われないで融通無碍《ゆうずうむげ》だ》
『雲門広録《うんもんこうろく》』

ことばって、何だと思う？
けっしてことばにできない思いが、

ここにあると指さすのが、ことばだ。

長田弘（一九三九〜二〇一五、詩人）「花を持って、会いにゆく」『詩ふたつ』（クレヨンハウス、二〇一〇年）

また科学は実証主義を前提にしています。そのため、合理を超えるもの、目に見えないものを感じ取る力が衰えてしまっています。合理性はある段階までは大切ですが、この世の中は合理性だけではない、合理を超えるもの、目に見えないものが多いのです。……要するに、合理だけに目を向けていると物事の半分しか見ていないことになるのです。

村上和雄『生命《いのち》の暗号』（サンマーク出版、一九九九年、六一頁）

月を観《み》る者は、指を忘れて可なり。

中根東里（一六九四〜一七六五）、伊豆の人。名は若思、字《あざな》敬父。江戸中期の清貧の儒学者。荻生徂徠《おぎゅうそらい》に師事したのち疑問を抱き室鳩巣《むろきゅうそう》に学び、晩年は陽明学に傾斜

謡曲の代表的な仇討ち物「放下僧《ほうかぞう》」のなかで、シテの放下僧（実は信俊を親の敵と狙う牧野の小次郎の兄）が、ワキの利根の信俊との問答で、自らの宗体《そうたい》（教義）をつぎのように述べるく

だりがある。

シテ　われらが宗体と申すは、教外別伝《きょうげべつでん》にして言ふも言はれず説くも説かれず、言句に出だせば教に落ち、文字に立つれば宗体に背く、ただ一葉の翻る、風の行くへをご覧《ろう》ぜよ。

横道萬里雄・表章校注『謡曲集　下』日本古典文学大系四一（岩波書店、一九六三年、四〇五頁）

ここに見られるように、禅が不立文字《ふりゅうもんじ》・教外別伝《きょうげべつでん》・直指人心《じきしにんしん》・見性成仏《けんしょうじょうぶつ》をその宗義とすることはよく知られている。それは経論の文字言句に囚われることなく、坐禅修行を通した自らの禅の「純粋体験の端的《たんてき》」（自らの内的自証そのもの）によって釈尊の悟りを「直かに」自分のものとして自覚的に「体得《たいとく》する」ことにある。その意味で禅は、テキストの文言詮索や字句解釈による教義の単なる知的理解、また言句による知的説明に堕すことを嫌う。自らの体験として問題の核心をズバリ摑みとることを禅は要求するのだ。そのため時として一見乱暴な手段に訴えることがある。臨済《りんざい》の「喝《かつ》」はまさにその典型である。

上堂。僧問う、如何《いか》なるか是《こ》れ仏法の大意。師、払子《ほっす》を竪起《じゅき》す。僧便《すなわ》ち喝《かつ》す。師便《すなわ》ち打つ。また僧問う、如何《いか》なるか是《こ》れ仏法の大意。師、亦払子《またほっす》を竪起《じゅき》す。僧便《すなわ》ち喝《かつ》す。師も亦喝《またかつ》す。僧擬議《ぎぎ》す。師便《すなわ》ち打つ。

《師匠の臨済《りんざい》が法堂《はっとう》で会下《えか》の僧たちに説法していると、中の一僧が仏法の要諦《ようたい》を尋ねた。師はすかさず払子《ほっす》（柔らかい毛を束ねて柄《え》につけたもの。禅宗では説法時に威儀を正すために用いる。もとはインドで蚊や塵などを払う道具であったが、仏教に取り入れられて煩悩を払う法具となった）を立てた。その問僧が「カーッ」と一喝《いっかつ》すると、師はたちどころにその払子《ほっす》で彼を打った。別の僧が同じ仏法の要諦を尋ねると、臨済《りんざい》はまた払子《ほっす》を立てた。そこでその僧が一喝《いっかつ》すると、師もまた一喝《いっかつ》した。僧が一瞬ためらっていると、師はすかさずその僧を打った》

（上堂。僧問、如何是仏法大意。師竪起払子。僧便喝。師便打。又僧問、如何是仏法大意。師亦竪起払子。僧便喝。師亦喝。僧擬議。師便打）

『臨済録《りんざいろく》』上堂、五（岩波文庫、三一頁）

修行者を自らそこ（悟り）に至らせるために師は「カーッ」と一喝し、あるいは打つ。禅の直接性、直示性《じきし》（deictic feature）と言っていい。それは問僧（われわれ一人ひとり）の知的回路を一旦遮断して、一八〇度の転回を迫る禅の徹悃《てっこん》の親切なのだ。「仏法の大意」といった主体的真理の真の理解は、客体真理（例：1＋1＝2）の「知解」と違って、自らの「感得・体解《たいげ》」を迫るものなのだ。この間の消息を鈴木大拙《だいせつ》（一八七〇〜一九六六。禅を初めとする大乗仏教を欧米世界に紹介して東西の宗教的・思想的架け橋となった）は、「禅の研究」の中で次のように述べている。

禅者の到達しようと努めるところは、我々人間が一切のものを生かしているところの真の存在または生命と、ぴったり一枚になるようにすることである。すると我々はその生命が自分の中に脈々と脈搏《う》っていることを親しく感ずるのだ。

『鈴木大拙全集』第一二巻（岩波書店、一九八三年、二四頁）

禅は哲学することでも思弁することでもない。なぜならことばの中に向かっていくら追求してみてもそこに求める真理はないからだ。荘子の有名な「忘筌《ぼうせん》、忘蹄《ぼうてい》、忘言《ぼうげん》」が思い出される。

筌《せん》は魚《うお》に在《あ》る所以《ゆえん》なり、魚《うお》を得て筌《せん》を忘る。（筌者所以在魚、得魚而忘筌）
蹄《てい》は兎《うさぎ》に在《あ》る所以《ゆえん》なり、兎《うさぎ》を得て蹄《てい》を忘る。（蹄者所以在兎、得兎而忘蹄）
言《げん》は意《い》に在《あ》る所以《ゆえん》なり、意《い》を得て言《げん》を忘る。（言者所以在意、得意而忘言）

『荘子』外物篇、第二六

筌《せん》は竹を編んで作った漁具。蹄《てい》はけものを捕獲するためのワナ。言《げん》（ことばや文字）もまた思いや意思を相手に伝える手だて、道具に過ぎない。だからそれぞれの目的を達したなら、それらは忘れ去るべきものなのだ。だが古今の違いこそあれ、人間はしばしば欲望の虜《とりこ》になる。執着する。荘子のことばはさらに続く。

吾《われ》、安《いずく》にか夫《か》の忘言《ぼうげん》の人を得て、之《これ》と言わんや。（吾安得夫忘言之人、而与之言哉）

「わたしはそうしたことばを超え真実を体得した人を探し出し、その人と共にその真実（宇宙の根源的な真理）について語り合いたいものだ」と。

荘子的に言えば、ここに言う「意」とは勿論無為自然の「道（Tao）」を指す。ことば（言）は飽くまでも意味を伝えるための手段に過ぎない。従って一旦意味（真理、真実）を摑んでしまったなら、ことばもまた不要だ、と言える。それはまさしく前出の中根東里のいう

月を観る者は　指を忘れて可なり。

だからである。禅に限らず、すべての真理はことばの上にあるのではなく、ことばの指し示しているところ、ことばとは別の次元のところに存在する。ことばはそれを指差し、それを説明しているに過ぎない。従って真理（真実）それ自体は、究極的には、ことばを超えた「直示《じきし》」によって「直感（直《じ》かに感じる）」され「体得（自らの体験による把捉《はそく》）」する以外にはないのだ。その意味で、冒頭の生命科学者・村上和雄氏の『生命の暗号』中のことばは、極めて示唆に富んでいる。

「アッイ！」と引っ込めた指は、瞬時に生命《いのち》そのものを指しているのだ。気づき、体解《たいげ》の瞬間である。工藤吉生氏の一詠の素晴らしさだ。

第四節　禅は「己事究明《こじ》」だ——自己への覚醒

これは極端な譬《たと》えですが、一万円持とうが、一億円持とうが、本来の自己（私という人間の本質）は少しも変わらないんです。変わるのは銀行の扱い。つまり、自分の外側です。変わる外側に目を向けているかぎり、本当のいのちの安らぎはありません。

相田みつを「本来の自己」

いまここに
だれとも　くらべない
はだかのにんげん
わたしがいます

相田みつを「いまここに」『新版　にんげんだもの　逢』（角川書店、二〇〇〇年）

仏道をならふといふは自己をならふ也。自己をならふといふは自己をわするゝなり。自己をわするゝといふは、万法《ばんぽう》に証《しょう》せらるゝなり。

道元『正法眼蔵』現成公按

初めて発心《ほっしん》するとき　便《すなわ》ち正覚《しょうがく》を成《じょう》ず（初発心時　便成正覚）

華厳経《けごんきょう》「梵行品《ぼんぎょうぼん》」

わたしは、神に生きるために、律法によって律法に死んだ。わたしはキリストと共に、十字架につけられた。生きているのは、もはや、わたしではない。キリストが、わたしのうちに生きておられるのである。

『新約聖書』ガラテヤ人への手紙、第二章第一九～二〇節

禅は己れを離れては成立しない。しかし、ここにいう「自己」または「己事《こじ》」は、外から眺められ観察されるような自己ではない。氏名や生年月日、本籍地や学歴、キャリア（職歴）あるいは趣味、容貌といったものとは全く無縁の自己である。

われわれ人間は、母胎から産み落とされたとき、「生《いのち》」の維持装置をつかさどる根幹脳、喜怒哀楽をあずかる情動脳の二つを与えられただけの一個の肉塊に過ぎなかった。知性脳は未発

達で知能的にはサル以下、況《いわ》んや「これがワタシだ」などといった自（己）意識とはまったく無縁の生きもので、他の多くの動物と変わらなかった。

　ところがこのヒト科の動物は、ひとたび成長し始めると、肉体の窓である五感を通して経験と学習とを日々積み重ね、徐々に知性脳を発達させて知識を獲得し、「ワタシ」という自（己）意識を急速に発達、肥大させてゆく。この意味で、人間は生まれてから死ぬまで「ワタシ」なるものの形成過程の真っただ中にある進行形（～ing）の存在であると言っていい。従って、この「ワタシ」とは経験（学習）あっての自己であり、「ワタシ」という自己があっての経験ではない。「これがワタシだ」などといった自（己）意識は本来どこにもなかったはずである。

　禅のいう「己事究明」（自己の追求）とは、まさしくこの後発の知性脳の発達以前の原初の「いのち」そのもの、自（己）意識が始動し始める以前の「ワタシ」にいま一度立ち還らせることを志向していると言っていい。「父母未生《ぶもみしょう》以前の本来の面目《めんもく》」といい、「赤肉団上《しゃくにくだんじょう》の一無位《むい》の真人《しんにん》」（『臨済録《りんざいろく》』）というのも、また「無」といい、「空《くう》」というのもそこだ。二元相対の分別心《ふんべつしん》（自（己）意識）が生まれる以前の「未分化」の自己、絶対無差別の自己への回帰、初期化なのだ。

　曹洞禅《そうとうぜん》に傾倒し、詩人であり同時に書家でもあった相田みつを（一九二四～九一）は、「じぶん、このやっかいなもの」と題して、

一番わかっているようで　一番わからぬ　この自分

と詠っているが、翻って考えると、もともと「ナマの生《いのち》」丸出しのこの自分を分からなくさせてきたのは、個の成長とともに生じたこの「自意識」という自己防護服を、無意識のうちに幾重にも身にまとって生きてきたからではなかったか。

しかし、成人したいまになって、生まれたての赤ん坊同様に、再び原初の無意識界に立ち帰れ、と言われても、それは不可能に近い。そこに知性で身武装して生きてきたわたしたち現代人の深い苦悩がある。

「無執着」といい、また「空」とか「無」という。しかしその「空」や「無」は、前にも述べたように、何も単に前言を否定したり、また「有」に対する「無」や「空」ではない。もしそうであれば、わたしたちが現に生きている二元相対のこの現実世界と何ら変わらない。ことばの不自由さを承知の上で、敢えてそれを一語に表わせば、「超絶」(transcend) である。自己意識に基づく「比較」の世界を一度断《た》って、そこから比較を超え一切を包み込んだ、のびやかな「大肯定」の世界に翻り出ること、生まれ変わりである。自己意識によって一旦その自己意識に死に、その死んだ自己とは何かを問い直すことである。

それは聖書のなかで、パウロがガラテヤ人に宛てた次のことば、

生きているのは、もはや、わたしではない。キリストがわたしのうちに生きておられるのである。

『新約聖書』ガラテヤ人への手紙、第二章第二〇節

と軌を一にするものであろう。律法によって律法に死に、キリストとともに十字架につけられたと言う、パウロの大死一番絶後に蘇った姿に倣《なら》うことである。

禅は、この意味でどこまでも自覚の宗教、覚醒を促す宗教である。その自覚は、当然自らの体験を通し、全身で体得《たいとく》したものでなくてはならない。体解《たいげ》・体認《たいにん》である。

一人の修行僧が、中国唐代の大禅匠・趙州従諗《じょうしゅうじゅうしん》（七七八〜八九七。山東省曹州の人。俗姓は郝《かく》氏。ほぼ同時代の臨済宗《りんざいしゅう》の開祖・臨済義玄《りんざいぎげん》〈？〜八六七〉と並ぶ大禅匠の双璧）に向かって尋ねる。

問う、「如何《いか》なるか是《こ》れ『根《こん》に帰《き》して旨《し》を得る』」。師云く、「你《なんじ》に答うれば、即ち乖《そむ》く」。

《一人の問僧が尋ねる。「根源に立ち返れば本質がみえると申しますが、一体それはどう

いうことなのですか」と。師・趙州《じょうしゅう》は答える。「お前さんにこのわしが答えてやったら、それはお前さんの求めるところに反することになる」》
（問、如何是帰根得旨。師云、答你即乖）

『趙州録《じょうしゅうろく》』三九〇段

一方の大禅匠・臨済義玄もまたこの点を鋭く指摘して次のように説く。

求心歇《ぐしんや》む処、即ち無事《ぶじ》。（求心歇処即無事）
《外に向かって求める心がなくなったところ、それが「無事」なのだ》

『臨済録《りんざいろく》』示衆《じしゅ》（岩波文庫、四六頁）

と。お前たちは皆それぞれ父母未生《ぶもみしょう》以前の本来の面目《めんもく》（宇宙の大生命《いのち》を呼吸していること）、外からは決して奪われることのない立派な仏性《ぶっしょう》、絶対の主体性を自《みずか》ら持ち合わせておりながら、なぜ外に向かってあれこれ探し求めるのだ！　本来の自己、本来の面目《めんもく》に徹すること、それこそが「無事是《こ》れ貴人《きにん》」ではないか、と。

同じく『趙州録』の中から、

問う、「如何《いか》なるか是《こ》れ毘盧《びる》の師。」師云く、「毘盧、毘盧。」

《問僧「毘盧遮那仏《びるしゃなぶつ》（法身仏。もと太陽の意で、広大無辺の仏智を指す。華厳教《けごんきょう》の本尊、密教では大日如来）のお師匠さまはどなたさまでいらっしゃいますか」。

趙州《じょうしゅう》「毘盧遮那仏自身だ！　毘盧遮那仏を措《お》いて誰がある！」》

（問、如何是毘盧師。師云、毘盧毘盧）

『趙州録』二六八段

この同じ質問に対して、趙州《じょうしゅう》はまた「悪言を吐くな！」（師云、莫悪口）とも答えている（四〇四段）。「毘盧遮那仏こそ法の根源ではないか！」との叱咤《しった》である。根源的真理を少しでも外に向かって遠心的に求めようとでもすれば、禅は即刻自己のうちに呼び戻し、己れを賭《と》して体験的・求心的に自己を問うことを迫るのだ。内を直指《じきし》（直ちにじかに指し示す）すること、体究練磨《たいきゅうれんま》だ。禅が「直指人心《じきしにんしん》、見性成仏《けんしょうじょうぶつ》」といわれる所以《ゆえん》である。

この点で、前述の世界的な仏教学者・鈴木大拙《だいせつ》も、彼の思索ノートのなかで次のようなメモを書き残している。

The answer is in the question itself. That is to say, the questioner himself gives the answer to his question. He does not get it from anybody else.
《答えは疑問を発することそれ自体の中にある。それはとりもなおさず、質問者が自ら自分の疑問に回答を与えるということだ。回答は他人《ひと》によって外から与えられるものではないのだ》

鈴木大拙没後三十年記念特別展（一九九七年四月一二日〜五月一一日、京都・思文閣美術館）

まさしく「答えは問処にあり」なのだ。だからこそ前述の無門慧開《むもんえかい》もまた、『無門関《むもんかん》』四八則を結ぶ最後の則「乾峰一路《けんぽうのいちろ》」の頌《じゅ》のなかで、この間の消息をつぎのように詠うのだ。

未《いま》だ歩を挙《こ》せざる時、先ず已《すで》に到る。未《いま》だ舌を動かせざる時、先ず説き了《おわ》る。
直饒《たと》い著著《じゃくじゃく》機先に在るも、更に須《すべか》らく向上の竅《きょう》有ることを知るべし。
《まだ足も上げないうちに、もう目的地にたどり着いているし、まだ舌も動かさないうちに、もうすでに説き終わっているのだ。碁（打ち）の局面で一手一手に機先を制したとしても、最後の決め手（大詰め）はもっと先にあることを知らねばならない》
（未挙歩時先已到　未動舌時先説了　直饒著著在機先　更須知有向上竅）

『無門関《むもんかん》』四八則（岩波文庫、一七九頁）

と。これまた極めて禅的な表現だ。問いのなかにすでに答えが用意されており、説明以前に事実や真理はそこに露堂々《ろどうどう》とその姿を顕《あら》わしている、というのだ。分からないのは、問う者が外に回答を求める自己の盲目の故なのだ、と。冒頭の『法華経《ほけきょう》』（梵行品《ぼんぎょうぼん》）のなかの一句も、この点を指摘する。

初めて発心《ほっしん》するとき　便《すなわ》ち正覚《しょうがく》を成《じょう》ず（初発心時　便成正覚）

はじめて求道心《ぐどう》を起こしたとき、それがもうすでに正覚《しょうがく》（宇宙の大真理、悟り）なのだ、と。
まさしく臨済義玄《りんざいぎげん》の喝破する

儞《なんじ》が即今聴法底《そっこんちょうぼうてい》の「人《にん》」
《いまそこで俺《おれ》の説法を聴いている眼の前のお前の内なる「そいつ」だ！》

『臨済録』示衆（岩波文庫、四一頁）

である。この「人《にん》」の自覚、体解《たいげ》・体認《たいにん》（身体で理解し、納得すること）を措《お》いて他にない。

しかし、これらはすべて、冒頭に掲げた道元のことばに集約される仏教全般に通底する教えである。最後の旅に出た八〇歳のブッダ（仏陀、釈迦）は、旅先のヴァイシャーリ近郊のベールヴァ村（竹林聚落《しゅうらく》）で供された食事から、キノコによる食中毒を起こし、その入滅に際して十大弟子の一人、アーナンダ（阿難陀）に向かい、つぎのように教え諭している。

自らを島とし、自らをたよりとして、他人をたよりとせず、法を島とし、法をよりどころとして、他のものをよりどころとせずにあれ。（自灯明、法灯明）

中村元訳『ブッダ最後の旅——大パリニッバーナ経』（岩波文庫、六三頁）

アーナンダは、二五年間の長きにわたってブッダに近侍《きんじ》し、ブッダの教えをもっとも多く身につけた「多聞《たもん》第一」と称される愛弟子であった。島はよりどころと同義。古来インドでは、洪水のたびに人々はそこに現われる中洲（島）に難を逃れたことによる比喩である。

「自灯明、法灯明」また「自帰依《きえ》、法帰依」ともよばれるブッダのこの教えは、誰に頼るのでもない、法（ダンマ。宇宙の普遍的な理法）と一体である自らを信じ、その目覚めた自己を灯火として歩んで行きなさい、というブッダ・釈迦最後の教えである。

第五節　禅は日常底《てい》の大肯定だ——「いま・ここ・このわたし」

眼横鼻直《げんのうびちょく》
《眼はよこざま、鼻はまっすぐ》
『密庵咸傑《みったんかんけつ》語録頌賛《じゅさん》』

生活が祈りなんです。
佐藤初女《はつめ》（一九二一〜二〇一六）、青森県岩木山山麓「森のイスキア」主宰、福祉活動家

こまった時に思い出され
用がすめば　すぐ忘れられる
ぞうきん
台所のすみに小さくなり
むくいを知らず

朝も夜もよろこんで仕える
ぞうきんになりたい

河野進「ぞうきん」

明日の日は雨か嵐か知らねども　今日のつとめの田草取るなり

二宮尊徳（一七八七～一八五六）、江戸末期の農政家、通称金次郎

もし明日世界が終わるとしても、私は今日もリンゴの木を植えるでしょう。

マルティン・ルター（Martin Luther, 1483-1546）、宗教改革者

和顔愛語《わげんあいご》
《日々こころ穏やかに、人には笑みを湛《たた》えて接し、慈しみに満ちたやさしい言葉を交わすように心がけること》

『無量寿経《むりょうじゅきょう》』

手考足思《しゅこうそくし》

《頭だけに頼らず、手足を使った日々の生活のなかで、思いを巡らし考えを深めること》
河井寛次郎《かわいかんじろう》（一八九〇～一九六六）、陶芸家

日日是好日《にちにちこれこうにち》
《今日という日がどんな日であろうと、今日は今日で一日一日が素晴らしい》
雲門文偃《うんもんぶんえん》（八六四～九四九）『碧巌録《へきがんろく》』第六則

はいはいと　うなづくばかり　百合の花
信女・おその（三河国）

なにかを求めあるくこころ
いつしか失せ
よくみれば
ここには萌えいずる草の芽
榎本栄一（一九〇三～九八）、昭和の妙好人《みょうこうにん》
「帰家隠座」『念仏のうた　常照我』（樹心社、一九八七年、九四～五頁）

うらを見せ　おもてを見せて　散るもみじ
霞《かすみ》立つ永き春日を　子供らと手毬《まり》つきつつ　この日暮しつ

良寛（一七五八～一八三一）、江戸後期の禅僧で歌人

茶の湯とはただ湯をわかし茶をたてて飲むばかりなる本《もと》を知るべし。

千利休（一五二二～九一）、戦国・安土桃山時代の茶聖

すでにお分かりのように、禅は知的抽象を嫌う。禅を哲学したり、哲学的思弁でもてあそばれることを極度に嫌う。抽象ではなく具象を尊ぶ。しかもその具象は自らの具象であって、他人の具象ではない。どこまでもわたし自身の体験的自覚に基づかなければならない。形而上ではなく形而下の世界なのだ。仏法東漸《とうぜん》の先鞭をつけたインドのダルマ（菩提達磨《ぼだいだるま》）。もと南インド香至国王子。六世紀の初め中国に渡り、禅をインドから中国に伝えたとされる。中国禅宗の始祖。諡号《しごう》円覚大師。生没年には諸説）の禅（祖師禅）は生活禅とよばれるが、とりわけ六祖・慧能《えのう》（六三八～七一三。河北省范陽《はんよう》の人。俗姓は盧《ろ》氏）以降の禅は、きわめて実践的・生活的な性格を強くもつものとなっていった。これには中国人の国民性、また彼らの土着の宗教で、無為自然

を尊ぶ道教の影響もあるであろう。生活の上に己れを位置づけ、どこまでも己れを問うてやまないのだ。禅が自覚の宗教といわれる所以《ゆえん》である。たとえば『無門関《むもんかん》』第七則の「趙州洗鉢《じょうしゅうせんぱつ》」はその典型的な一例である。

趙州《じょうしゅう》とは前述の中国唐代の大禅匠・趙州従諗《じょうしゅうじゅうしん》（七七八～八九七。全諗《ぜんしん》とも。姓は郝《かく》氏、南泉普願《なんせんふがん》下で契悟《けいご》。河北省西部の趙州観音院（栢林寺《はくりんじ》とも）に住して四〇年、独自の禅風を挙揚《こよう》し、世寿《せいじゅ》一二〇歳と伝える。真際《しんざい》大師）のことである。彼の禅風は、口唇皮禅《くしんぴぜん》（「口唇皮上に光を放つ」といわれるほど機鋒の鋭い禅）とよばれるほどに、日常生活に根ざした、当意即妙の言句による鋭い対応ぶりで有名である。

趙州《じょうしゅう》、因《ちな》みに僧問う、「某甲《それがし》、乍入叢林《さにゅうそうりん》。乞う、師指示し給え」。州云く、「喫粥《きっしゅく》し了《おわ》るや、未《いま》だしや」。僧云く、「喫粥し了れり」。州云く、「鉢盂《はつう》を洗い去れ」。其の僧省《せい》有り。

《あるとき、趙州《じょうしゅう》の住している趙州観音院に、来山後間もないひとりの修行僧が、師・趙州に尋ねた。「わたしは入門したばかりの新参者です。お師匠さま、どうかわたしに禅の極意（仏法の大意、普遍の宇宙の真理・真実）をお示しください」と。すると趙州、「粥座《しゅくざ》（朝ご飯――禅堂の朝食はお粥《かゆ》にきまっている）は済ませたか」。修行僧「はい、済ませました」。すると趙州「じゃあ、持鉢（お椀）を洗っておきなさい」と。このと

きこの修行僧の眼が開かれた》
（趙州、因僧問。某甲乍入叢林。乞師指示。州云、喫粥了也未。僧云、喫粥了也。州云、洗鉢盂去。其僧有省）

『無門関《むもんかん》』第七則「趙州洗鉢」（岩波文庫、四七頁）

禅の日常底《にちじょうてい》を語って余すところがない。「活潑潑《かっぱつぱつ》（魚がピチ〱跳《は》ねること）として、一切《いっさい》時《じ》中《ちゅう》総《すべ》て是《こ》れ禅なり」（保唐寺《ほうとうじ》・無住禅師）なのである。禅は禅を「高邁な思想」に堕したり、禅を哲学することを嫌う典型だ。禅はどこまでも具体的・生活的・実践的だ。「いま」やらなければならないことに最善を尽くす、生活の中の一刻一刻の積み重ね、禅は「この一刻一刻の積み重ね」の「現実」のなかにしかない、というのだ。まさに「凡事徹底」、それこそが「無心の自己」（悟れる人）の「自由なはたらき」なのだ、と。

趙州従諗禅師

事実、われわれの人生にはじめから意味があるのではない。その意味に従ってわれわれわれは生きているのでもない。一刻一刻、毎日毎日の生きざまの集積が、結果として人人《にんにん》（わたしたち一人一人）を磨き上げ、人人《にんにん》の人生にそれぞれの意味をもたらしてくるのだ。

だからこそ禅は、自分自身の問題であるにも拘わらず、ややもすれば知的・理念的問題として、外に向かってその意味を求め、また回答を得ようとするわれわれの知的回路を一旦遮断し、この「現実」のなかにある真実に「自ら」気づかせようとするのだ。前述の『無門関《むもんかん》』第三七則「庭前栢樹子《ていぜんのはくじゅし》」もまた同様である。

だから趙州は、『趙州録《じょうしゅうろく》』のなかでも、「わたしの自己とはどんなものですか」（如何《いか》なるか是《こ》れ学人《がくにん》が自己）と問う学人（修行者）に対して、まったく同じ対応をしている（問、如何是学人自己。師云、喫粥了也未。云、喫粥也。師云、洗鉢盂去）（『趙州録』第二九一段、二四七頁）。

このように、禅が理想とする悟りの生活とは、何も特別なことではなくて、この「無心の自己の自由な日暮らし」に他ならない。

これはまた、ベルギーの作家・メーテルリンクの『青い鳥』の主人公・チルチルとミチルが、幸福の象徴である青い鳥を、結局最後にわが家の炉端で見つけるのとその消息を同じくする。だから、この同じ質問（学人近入叢林。乞師指示）をまた別の修行者から受けた趙州は、思わず天を仰いで、今度は

「ああ、やれやれ」（蒼天蒼天）

と長嘆息するのだ。趙州自身の自由な禅の対応である。趙州禅の丸出しだ。「外に回答を求めてどうする！　お前だ！　お前自身のことではないか！」と（問、学人近入叢林。乞師指示。師云、蒼天蒼天（『趙州録』第三七一段））。

趙州の徹悃《てっこん》の親切である。「照顧脚下《しょうこきゃっか》（自分の足下《あしもと》をよく見なさい）」は単なる庫裏《くり》の標札ではない。禅そのものなのだ。

一二世紀中国宋代の廓庵《かくあん》・梁山師遠《りょうざんしおん》禅師による前述の有名な『十牛図《じゅうぎゅうず》』（牧童が牛をさが

徳力富吉郎作『版画　十牛図』より、第八図、第九図、第十図

し求める姿になぞらえた、一〇枚の禅のいわば絵解き図）が、第八段階の人牛倶忘《にんぎゅうぐぼう》（第八図、人も牛もともに忘れてなくなる。一円相）の悟境に安住せず、再び返本還源《へんぽんげんげん》（第九図、はじめに戻り源に立ち還る）、入鄽垂手《にってんすいしゅ》（第十図、町なかに出て衆生《しゅじょう》に手を垂《た》れる）と市中に帰ってゆく利他《りた》行《ぎょう》（大乗）を説くのも、これと軌を一にするものであろう。

仏陀成道の因縁を今に伝えるブッダガヤ・マハーボディ寺院の菩提樹の金剛宝座。右手は釈迦像を安置する大仏塔の背後の巨大基壇。

雲水《うんすい》の修行の場である禅の専門道場では、五月に始まる三ヶ月の雨安居《うあんご》とよばれる坐禅三昧《ざぜんざんまい》の修行、さらに同じく一一月から三ヶ月の雪安居《せつあんご》、そしてその雪安居のなかで行なわれる最も厳しい臘《ろう》八大接《はつおおぜっ》［摂］心《しん》（接［摂］心とは心を一心に摂《おさ》めて乱さないの意）とよばれるブッダ成道に倣《なら》う一週間にわたる不眠不休の坐禅三昧の修行（体を横にして眠ることは許されず、ただ坐睡が許されるのみ）が続く。それは若き日のゴータマ・シッダルタが苦行ののち、ブッダガヤ（仏陀伽耶）の菩提樹下で明けの明星を見て悟りを開いたとされる一二月八日に向けて一二月一日からの一週間を一日と見なし、彼の開眼《かいげん》の追体験をするために課される坐禅修行だ。こうした厳しい一年間の修行を何年も繰り返した一雲水に、「あなたにとって修行を通して得たものとは一体何ですか」と尋ねると、「食べること、寝ること、屁《へ》を放《ひ》ることがこんなにも素晴らしいことだとは知らなかったことだ」との答えが返ってくる。

かつて、わたしの師匠、故・福島慶道老師は語っておられた。

「外から見れば過酷に見える大接心《おおぜっしん》も、雲水たちを、ただただ『寝たい、横になりたい』という所にまで追い込んで、彼らのあらゆる客塵煩悩《きゃくじんぼんのう》（本来清浄《しょうじょう》である心という鏡に付着した煩悩《ぼんのう》というチリ）を削《そ》ぎ落とさせるための、まことに親切な仕組みなのだ」

と。

悟りとは何も特別なことではなく、日常のごく当たり前のことの大切さ、尊さに開眼することに他ならない。それは即今《そっこん》「いま」の立ち居振る舞いそのものだ。履き物は揃えたか、食前に手を洗ったか、他のいのちを頂いて自分のいのちを養っていることに感謝したか……。

学問と違って、禅は「思考」ではなく個々人の「行動」を通して万物に通底している「いのち」「いのちのエネルギー」そのもの、「大宇宙の真理」に直《じ》かに触れ、鷲掴みにさせようと試みるのだ。だからこそその第一歩として、調身《ちょうしん》（背筋を伸ばす。坐っては臍下丹田《せいかたんでん》〈ヘソ下三寸〉に気持ちを集中させる）・調息《ちょうそく》（吐く息を長く、呼気は自然にまかせる）・調心《ちょうしん》（こころを調《ととの》える。平静安穏な心はこの調身、調息の結果としてもたらされるもの）を説く。立ち居振る舞いをまず調《ととの》えることによって心を調えようとするのだ。「意識」や「知性」以前の、体感的に宇宙の鼓動を「感得」する「感性」の世界への初期化を迫るのだ。「心身」ではなく、「身心」なのだ。

それは道元禅師（一二〇〇～五三）が詠んだ次の一首に通じる世界だ。

春は花　夏ほととぎす　秋は月　冬雪冴《さ》えて　冷《すず》しかりけり

『傘松道詠集《さんしょうどうえいしゅう》』

自然を「ありのまま」に愛《め》で、一切をそのままに素直に受け入れて、「即今、いま」を生きる「大肯定」の地平だ。四季はそれぞれに美しく、その美しさは「比較」を遥かに超えている。冷たい冬でさえ雪は冴《さ》え冴《ざ》えと美しく、大気は凛《りん》として清々《すがすが》しい。利休が

茶の湯とはただ湯をわかし茶をたてて飲むばかりなる本《もと》を知るべし。

と言うのもそれだ。禅の専門道場で、雲水たちがしばしば「味噌の味噌臭きは上味噌にあら

ず」と師家《しけ》から叱咤される所以である。

悟り――それは何も大それた特別なことではない。現実は悲喜交々《こもごも》の日常であっても、それらの喜び、悲しみを超えて、自分に与えられた今日一日を素直に受け容《い》れ、「ありのままに」生きる地平に立つこと。その大肯定の感謝の日々の積み重ね、それこそが悟りの当体ではないか。鈴木大拙《だいせつ》のいう〝as-it-is-ness（ありのまんま）〟である。それがいまやっとわたしにも素直にうなずけるようになった。それはまた武者小路実篤が、野菜を描いて「仲よき事は美しき哉《かな》」と言う当たり前の世界のもつ見事さ、大肯定の地平に蘇り立った静かな平和の世界だ。

若い頃には、消極的で退嬰《たいえい》的だと考えて、あれほど拒絶反応の対象でしかなかったこの当たり前の日常を、「ありがたいこと」として素直に受け容れられる地平に立つのに、わたしは実に六〇年余りの歳月を要した。

雲門文偃《うんもんぶんえん》の冒頭句「日日是好日《にちにちこれこうにち》」は、こうしていま漸《ようや》くわたしのものになった気がしている。それは「本日ただ今誕生」（Today is the first day of the rest of my life.）を生き切ることに他ならない。「這箇《しゃこ》」（これ、これ）である。

千利休が「規矩《きく》作法　守りつくして　破るとも　離るるとても　本《もと》を忘るな」から、「ならひのなき（超える）を極意とする」と言い、さらに「茶の湯とはただ湯をわかし茶をたてて飲むばかりなる本《もと》を知るべし」と言うのも、きびしい稽古（いにしえ（古）を考える（稽）の意）

を通した「超絶（transcend)」後の平穏無事の日常回帰の消息を物語るものであろう。

子どもたちと終日毬《まり》つきをして遊んだといわれるあの良寛さんも、「毬つきのどこがそんなに面白いのか。毬つきの極意はいったい何か」と聞かれて、「こうしてただ一《ひい》、二《ふう》、三《みい》、四《よう》、五《いい》、六《むう》、七《なあ》とつくだけサ。毬はほんとに千金サ（袖裏《しゅうり》の繍毬《しゅうきゅう》直《あたい》千金）」と、答えているではないか。

毬《きゅう》子《し》

一箇の繍毬《しゅうきゅう》打《だ》し又打し　自ら誇る好手倫匹《こうしゅりんぴつ》なきを
此《こ》の中《うち》の意旨《いし》もし相問わば　一《ひい》、二《ふう》、三《みい》、四《よう》、五《いい》、六《むう》、七《なあ》

まさに「本座《ほんざ》（本来の居場所）を楽しむ」（楽本座）姿、「大賢は大愚に似たり」だ。

良寛像（新潟県出雲崎町良寛堂）

牡丹花《ぼたんか》は　咲き定まりて　静かなり
花の占めたる　位置の確かさ
木下利玄《きのしたりげん》（一八八六～一九二五）、白樺派の代表的歌人

第六節　禅は「成る」世界――「する」から「なる」へ

現代人は宇宙を知（頭）で識《し》っているが、古代人は宇宙を体で識《し》っていた、と言えるでしょう。……宇宙知識は自分と無関係だけれども、宇宙意識は宇宙の働きと自分という個人を結びつけている……そして個々の人間は、みんな、この宇宙エナジーを受けている。

加島祥造（一九二三〜二〇一五）、英文学者、詩人
『エッセンシャル　タオ』（講談社、二〇〇五年、一四四頁）

頭ではむつかしいと判断しても、体はひょっとすると打てるかもしれないと感じてる。選球眼だけでなく、選球体がぼくにとっては大切なんだ。

米大リーガー、マリナーズ・イチロー選手

もう君は　余計なことを気にするな　秋の日だまり　この碧《あお》き空

雨森正高（一九三〇〜）、医師、滋賀県長浜市在住

枯山水の庭は、足し算の気持ちが残っている限りはできない。引いて引いて引き算ができるようになったと思えるようになるまでは、やってもいいものにならない。

枡野俊明《ますのしゅんみょう》（一九五三〜）、庭園デザイナー、曹洞宗徳雄山建功寺（横浜市）住職

子曰《しい》わく、之《こ》れを知る者は之《こ》れを好む者に如《し》かず。之《こ》れを好む者は之《こ》れを楽しむ者に如《し》かず。

（子曰、知之者不如好之者。好之者不如楽之者）

『論語』雍也第六

前に述べてきたことは、すべて対象と一つに「成る」ことの大切さを示している。禅の師家《しけ》は、会衆に向かって祖師方の語録をテキストに提唱をされるとき、しばしば「そのものそれになれ」とか「一枚になれ」、あるいはまた「三昧底《さんまいてい》になれ」と、雲水《うんすい》はじめ在家の門信徒たちに迫ってくる。とくにテキストに即して語られるときなどは、『見る』『聞く』とあったら『成る』と読め」と叱咤激励される。「見る」「聞く」である限り、そこには「見る人」と「見られる人やもの」、「聞く人」と「聞かれる人やもの」といった二つの人・もの——行為者

(agent)とその行為を受ける対象(patient)、主体(主格)と客体(対格)――が対峙している。だが対峙関係にある限り、そこには必然的に目的意識が動き出す。目的意識それ自体は責められるべきものではないが、生ある限り煩悩から逃れられないわれわれ凡人は、そこに「もっと」(よりよく、より多く)といった欲がうごめき始める。こうして本来純粋であるはずの目的意識も、知らず知らずのうちに「他の別の無意識」によって色づけられ染め上げられてゆく。「煩悩」に汚されない「不染汚《ふせんな》」の地平を生きることは、われわれ凡人にとってはそれほど至難の業なのだ。

だから禅は、この本来善であるはずの目的意識までも捨てろ、と迫ってくる。「する」から「なる」の世界への意識変革だ。努力や精進を否定するのではない。その努力や精進を認めた上で、なお「染汚《せんな》」を免れないわれらの自力、その自力のはからいを捨てて"something great"(より大きな力、宇宙の大生命《いのち》。仏《ほとけ》の御手《みて》、弥陀《みだ》の本願《ほんがん》)、"invisible hand"(神の見えざる御手《みて》)といった「包まれてある世界」にすべてを委ねる「勇気」を迫ってくるのだ。「結果自然成《けっかじねんじょう》」、目的意識を捨て、それを超えたところにはたらく、より大きな包摂の力に委ねて初めて生まれる「成る」世界、それは浄土真宗で説かれる「自然法爾《じねんほうに》」の世界と言えるだろう。

禅ではこうして主体と客体の未分化の、いわば絶対格(absolute case)とでもいうべき境地、すなわち「父母未生《ぶもみしょう》以前の本来の面目《めんもく》」の地平に立つことを求めるのだ。ドアに指をはさんで「痛い！」と苦痛の叫び声を上げたとき、また日本シリーズで贔屓《ひいき》のチームが優勝を決めた瞬間、「やった！」と歓喜の声を発したとき、「痛い！」「やった！」以外そこに何があろうか。そこに思慮分別の入る余地は微塵もない。「成る」とはそうした境地（それを禅ではしばしば「三昧底《さんまいてい》」とよぶ）、地平に立つことを言う。

たとえば禅語に、

水を掬《きく》すれば月手《つきて》にあり、花を弄《ろう》すれば香衣《かおりえ》に満《み》つ

（掬水月在手、弄花香満衣）

というのも、見る自分（主体）と見られる月（客体）との主客を超えたこのような一枚底《てい》（絶対境）を指しての謂《い》いである。この自己と対象とが一つになった境地こそ無私のこころであり、無心の境地だからである。

中国唐代の詩人・李白《りはく》（七〇一～六二。詩聖・杜甫《とほ》に対して詩仙と称される）が、中国安徽《あんき》省にある景勝の地・敬亭山《けいていざん》に登って詠んだ詩、

独り敬亭山に坐す（独坐敬亭山）

衆　鳥《しゅうちょう》高く飛んで尽《つ》き　孤雲《こうん》独り去って閑《しず》かなり
相看《あいみ》て両《ふた》つながら厭《いと》わざるは　只敬亭山《ただけいていざん》有《あ》るのみ
（衆鳥高飛尽　孤雲独去閑　相看両不厭　只有敬亭山）

のなかで、「相看《あいみ》て両《ふた》つながら厭《いと》わざるは　只敬亭山《ただけいていざん》有《あ》るのみ」と詠う境地も、詩人・李白と敬亭山《けいていざん》とが主客を超えて、互いに見つめ合う関係として、両者が寄り添った一枚底《てい》の境地を指してのことであろう（吉川幸次郎監修・高木正一著『唐詩選　三』中国古典選二七、朝日新聞社、一九七八年、四六〜七頁）。

雲水（や私ども）に課題として与えられる公案は、自分に与えられたその公案のこころ（精神）を、自己体験としてどのように自分の中に受肉しているかを検証し、チェックするためのものであり、公案に描かれた内容を客観的になぞって説明することでは決してない。そのままなぞることが公案理解であるなら、わたしたちの指は何本あっても足りなくなるであろうし（『無門関《むもんかん》』第三則「倶胝竪指《ぐていしをたつ》」、後述一〇六〜七頁）、また猫の首をはねるといった動物虐待行為（『無門関』第一四則「南泉斬猫《なんせんざんびょう》」）を行なって、たちまち世間の顰蹙《ひんしゅく》を買い、世の指弾《しだん》を受けるだけのことであろう。

「成る」とは公案に描かれている一見超現実的な世界をそのままなぞったり、頭で「考え」

て、堂々巡りの迷路に陥ることではなく、そこに描かれた超現実的な世界（事象や事柄）の内に秘められたこころ（精神）を、自分自身の自己体験として受肉することなのである。それはまさしく「冷暖自知《れいだんじち》」（水の冷暖はその水を自ら飲み、また手を浸《つ》けて初めて分かる）の世界であり、「如何《いか》なるか是《こ》れ無寒暑《むかんじょ》の処《ところ》」（暑さ寒さを避けた無寒暑のところとは一体どんな世界ですか）と問う一修行僧に向かって、唐代の禅匠・洞山良价《とうざんりょうかい》（八〇七～六九）が「寒時《かんじ》は闍梨《じゃり》を寒殺《かんさつ》し、熱時《ねつじ》は闍梨《じゃり》を熱殺《ねっさつ》す」（寒いときは「寒い」と思うお前さん自身を寒さでぶっ殺し、とことん寒さに徹してみろ！　暑いときは「暑い」と思うお前さん自身を灼《や》き尽くし、暑さ一杯うだってみろ！）と喝破した世界なのである（『碧巌録《へきがんろく》』第四三則）。

従って、耳にタコができるほどくり返して説かれる「無」とは、二元相対の世界にあって、自ら進んで自己意識を断ち、その「精神的な死」の体験を通して、そのものそれに成りきって他と一体化した境地のことである。禅寺にしばしば掲げられる墨蹟も鮮やかな力強い円相《えんそう》（歴代の禅匠が一体化した自らの境地をマルに描いて示したもの）の一幅は、歴代禅匠による「無私」の境地を示したものに他ならない。

先の第二節に掲げた陶淵明の「飲酒」の中の一聯「菊を採《と》る東籬《とうり》の下《もと》　悠然《ゆうぜん》として南山《なんざん》を見る」もこうした自他一如《いちにょ》の境地を詠ったものであろう。

また、冒頭の加島祥造氏に倣《なら》っていえば、太陽や月や星々の運行を生活のなかで直《じ》かに感じとり、その「はたらき」がそのまま自分たちの生活や生き方に結びついていた、かつての古代人のように、宇宙の運行のエナジーが、人間、否《いな》このわたしのなかにもはたらいているのだという「宇宙意識」（宇宙知識ではなく）を持て、ということになるだろう。

一方、今日の生命科学によると、わたしたちの肉体は一個の細胞に三〇億の遺伝子情報をもつ約六〇兆個の細胞で成り立っているといわれる。しかもその細胞のうち、脳内の記憶を司《つかさど》る神経細胞や心臓の鼓動にあずかる心筋細胞といった細胞（非再生系細胞）を除き、その他の細胞は遺伝子情報によってプログラム化され絶えず生と死を繰り返す再生系細胞だという。例えば皮膚の細胞は一週間で死んで垢《あか》となり、肝細胞や赤血球は三ヶ月で死んで新しい細胞と入れ替わる（この再生系細胞の死はアポトーシス（apotosis）とよばれる）。わたしたちの個体の生命を維持するために、体内で繰り返されているこうした再生系細胞の生死の交替（人間の場合、このアポトーシスは一生のうち五〇～六〇回繰り返されるという）、いわば再生系細胞の「利他行」の死によって、わたしたちはこの世で自分に与えられた生命をまっとうしているのだ。してみるとわたしたちのこの肉体の中にも、われわれの意識や意思を遥かに超えた、宇宙のいのちと意思とが絶えずはたらいているということではないか。これこそわたしたちの体内に波打っている宇宙の鼓動、宇宙の息吹だ。

翻って、禅寺では、夏《げ》（雨安居《うあんご》と雪安居《せつあんご》とよばれる禅寺での夏・冬それぞれ三ヶ月の学期）の初めに、老師から「趙州無字《じょうしゅうむじ》の公案」としてよく知られる『無門関』第一則「趙州狗子《くし》」の提唱がなされることが多い。

趙州《じょうしゅう》和尚、因《ちな》みに僧問う、「狗子《くし》に還《かえ》って仏性《ぶっしょう》有《あ》りや也《ま》た無《な》しや」。州云く、「無《む》」。

《趙州和尚に向かってある僧が尋ねた。「あの犬（狗子）にも仏性はありますか」と。すると趙州は答えられた。「無」と》

（趙州和尚、因僧問、狗子還有仏性也無。州云、無）

『無門関』第一則「趙州狗子」（岩波文庫、二一頁）

具体を尊ぶ禅のこと、趙州とこの問僧の視野の中に犬があっての問いとなったものであろう。ここでも有無の二元にわたれば「アル」「ナシ」の二元相対の罠《わな》に陥ることになる。「アル」と言えば、「ではなぜ犬はヒトと違ってイヌ畜生なのか」。「ナシ」と答えれば「ではなぜ『涅槃《ねはん》経《ぎょう》』では『一切衆生悉有仏性《いっさいしゅじょうしつうぶっしょう》』（生きとし生けるものはすべて仏性をもっている）と説くのか」と。

それがこの公案の狙いである。仕掛けである。なぜなら趙州は、まったく同じこの問いに対して『趙州録』第三六三段では、家家《かか》の門前、長安に通ず。
（家家門前通長安）

と答えて、「都長安（悟りの世界、仏性）に到らぬ家があろうか。各々の家（の門前の道）はすべて長安に繋がっているのだ」と狗子《くし》（犬）の仏性を肯定しているからである。

従って趙州のこの「無《む》」をその字面に囚われて「ナシ」と解することは全く無意味である。のちに第二部第二章で詳述するように、この「無」は文字通りの「無」ではなく、趙州の「ゥムー」という唸りそのもの、発語にこめられた力（illocutionary force）なのだ。趙州が自ら狗子（犬）となって彼自身の仏性を丸出しにしたものに他ならない。そのものそれに「成った世界」だ。コトバの不自由さを示して余りある。

禅はどこまでも大機大用《だいきだいゆう》、コトバから立ち上がった大いなるはたらき（機用《きゆう》）そのものなのだ。禅は日常の生活のなかで、このように常にダイナミック（dynamic）にはたらくものでなければならない。

この点で瀬戸内海に浮かぶ小島・直島《なおしま》は、産廃処理村から自然とアートと人の融合する文化村へと蘇った島として注目を集めているが、ここに建つ地中美術館は、モネの五点の睡蓮の作品が、自然光の射し込む地中空間のなかで、来館者が従来の「鑑賞する」から「体感する」ことができるようにと、世界的建築家・安藤忠雄氏によって創出された「なる」の世界、人とアートと建物とが瀬戸内の自然のなかで調和する新しい世界が広がっている。

第七節　禅は「即今《そっこん》」「這箇《しゃこ》」である——「無心のいま」を生きる

やがて死ぬけしきは見えず　蟬の声

芭蕉『猿蓑《さるみの》』

涙は過去から浮き上がる
恐怖は未来からおりてくる
現在の一瞬には
涙も恐怖もないのだ

加島祥造『小さき花』（小学館、二〇一〇年）

風は思いのままに吹く。あなたはその音を聞くが、それがどこからきて、どこへ行くかは知らない。霊から生まれる者もみな、それと同じである。

『新約聖書』ヨハネによる福音書、第三章第八節境遇を選ぶことはできないが、生き方を選ぶことはできる。「現在」というかけがえのない時間を精一杯生きよう。

渡辺和子（一九二七〜二〇一六）、元ノートルダム清心学園理事長

Today is a most unusual day, because we have never lived it before; we will never live it again ; it is the only day we have.

《今日という日は特別な日。なぜなら過去に経験したことも、二度と将来味わうこともない、たった一日の今日なのだから》

William Arthur Ward（1921-94）、米国の教育者・哲学者

And let today embrace the past with remembrance and the future with longing.

《今日という一日に、思い出の過去も、憧れの未来も、すべてを包み込ませなさい》

Kahlil Gibran, *The Prophet*（1996：38）

I am not a person.

わたしはひとりぼっちの存在ではない。

I am a succession of persons
Held together by memory
When the string breaks,
The beads scatter.

思い出に結ばれた人々を
受け継ぐ存在、リレー走者。
だから結びの糸が切れると
思い出の人々もバラバラになってしまう。

Lindley Williams Hubbell（林秋石、一九〇一～九四）、*Waka*

If today were the last day of my life, would I want to do what I am about to do today?
《もし今日という日が人生最後の日だとしたら、いままさにしようとしていることは本当に私がしたいことなのだろうか》

Steve Jobs（1955-2011）、米国の実業家。アップル社の共同設立者の一人

幸不幸や生死を考えるのはわれわれ人間の側の勝手な自己意識。蟬の側にそんな無常の意識などない。蟬は全身をただ「ジーン、ジーン」一杯にして、即今《そっこん》「いま」を鳴いているだけだ。風の存在もまた同じ。木々の梢《こずえ》をなびかせて、「ヒューヒュー」鳴るだけだ。その音を聞き、また爽やかさや肌寒さを肌に感じることによってのみ、われわれは風の存在を知るだけだ。

この「ジーン、ジーン」あるいは「ヒューヒュー」と鳴る風の音、また、われわれ人間がし

ばしば発する「あ痛っ！」「やった！」「しまった！」といった感嘆のことばのうちには、ちょっと考えれば、すぐにも分かるように、思慮や分別《ふんべつ》といった自己意識は一切存在しない。すべてが「即今、いま」瞬時のこと（自己露現）である。振り返って、例えば「ドアに指がはさまれて痛いのなんのといったらなかった」と言ってみても、それは所詮「過去」の描写に過ぎない。「ホントに痛かったよ」とその場の痛切感・切実感をいくら強調してみても、その場のその「痛さ」を捉えたことにはならない。「その場」が過ぎ去った途端、客観描写となり、真偽（ウソ・ホント）の世界に落ちてしまう。陳述は所詮説明であり、自己体験の切実さそのものではないからだ。禅は全身全霊がそのまんま「ホント（真）」の丸出しでなければならない。真偽の判断を下す余地などどこにもないのだ。それはちょうど釣り上げた魚が、釣り上げられた瞬間はピチピチはねて（生命が躍動して）いても、やがては死んで身を横たえるようなものである。「即今」を離れると、たちどころに生きた臨場感（自己体験）も死んだ陳述に堕《だ》してしまう。だから禅には間髪を入れない瞬時の対応が必要なのだ。絶対の「今」（瞬間〳〵）を生き切ること、計算や分別《ふんべつ》の入る余地はどこにもない。禅は瞬時の「はたらき」なのだ。大《だい》機大用《きだいゆう》（大いなるはたらき。機も用もともにはたらきの意）といわれる所以《ゆえん》である。

この間の消息をよく伝えているものに、先にも触れた『無門関《むもんかん》』の中の第三則「倶胝《ぐてい》、指《し》を竪《た》つ」（倶胝竪指）がある。

倶胝《ぐてい》和尚、凡《およ》そ詰問《きつもん》あれば、唯《た》だ一指《いっし》を挙《こ》す。後に童子有り。因《ちな》みに外人《がいにん》問う。「和尚、何の法要をか説く」。童子も亦《ま》た指頭《しとう》を竪《た》つ。胝《てい》、聞いて遂に刃《やいば》を以てその指を断つ。童子、負痛号哭《ごうこく》して去る。胝《てい》、復《ま》た之《こ》れを召す。童子、首《こうべ》を廻《めぐ》らす。胝《てい》、却《かえ》って指を竪起《じゅき》す。童子、忽然《こつねん》として領悟《りょうご》す。（下略）

《倶胝《ぐてい》和尚は問答を挑まれると決まって指を一本立てて見せた。この倶胝のもとには童子がいたが、あるとき師の留守中に訪ねてきた来客から「ここのお師匠さまはどんな仏法の要諦《ようたい》を説いておられるか」と問われたこの童子は、師の倶胝を真似て一指《いっし》を立てて見せた。これを聞いた倶胝は、その場で童子のその指を切断してしまった。痛みに耐えきれず号泣して逃げまどう童子を呼び止めた師の倶胝は、泣きながら振り向くこの童子に、すかさず一指を立てて見せた。童子はこのとき忽然として頓悟《とんご》した。（下略）》

（倶胝和尚、凡有詰問、唯挙一指。後有童子。因外人問、和尚説何法要。童子亦竪指頭。胝聞遂以刃断其指。童子、負痛号哭而去。胝復召之。童子廻首。胝却竪起指。童子、忽然領悟。）（下略）

『無門関』第三則「倶胝竪指」（岩波文庫、三四頁）

いささか乱暴な話であるが、「一指《いっし》を挙《こ》す」ことは倶胝《ぐてい》自身の頓悟《とんご》の契機（禅機）を示すものであっても、突き立てた指の上に悟りがある訳でも何でもない。況《いわ》んや師匠の真似に過ぎない一童子の指の上に悟りがあるはずもない。この童子は自分の突き立てた指を師匠に切り落とされ、今さら立てようにも立てられない血の滴る「無い」指を見て、号泣しながらその痛哭《つうこく》のなかで、初めて悟りの何たるかを領得《りょうとく》したのである。

古来、師家《しけ》は学人《がくじん》（修行者）の禅眼を開かせるために、唐代の大禅匠・徳山宣鑑《とくざんせんかん》（七八〇～八六五）は一棒を振るい、臨済義玄《りんざいぎげん》（?～八六七）は「カッ！」と一喝《かつ》を喰らわせて学人を励ました。この手荒な「徳山の棒、臨済の喝」も、瞬時に「即今」「ここ」において学人を導こうとする両禅匠の全生命を賭けた徹悃《てっこん》の親切なのだ。知性のはたらく余地を寸分も与えず「即今」「ここ」に立ち現われている「事実」そのもの（真理）を、学人に直《じ》かに摑ませようとするのだ。「這箇《しゃこ》（ここ。真理そのもの）」の真っただ中に飛び込ませようとする禅匠たちの徹悃の親切、慈悲心の発露なのだ。

冒頭の加島祥造さんのことばにあるように、現在のこの一瞬には涙も不安も恐怖もない。野に咲くタンポポやスミレは勿論、アリやバッタ、犬や猫、かれらは人間と違って、過去を悔やんだり、将来に不安を抱いたりすることはない。かれらはそれぞれ「その場」で、「いま」与えられている命をただ精一杯に生きているだけだ。自己意識にまみれた人間の見習うべきは、彼らのそうした無心の生きざまだ。

過去は「いま・ここ・このわたし」が残した足跡《あしあと》であり、未来は「いま・ここ・このわたし」の夢に過ぎない。だからこそ「いま」の一点に賭ける無心が求められるのだ。無我（エゴのない自分）だ。そこに涙や不安の入る余地はない。涙は過去から、不安や恐怖は未来から、それぞれ意識が起《た》ち上げた幻影にすぎない。それは何よりも、「いま」というこの一瞬を十全に生きていない証拠ということにならないだろうか。

「いま・ここ・このわたし」が「永遠の今」を精一杯に生きる。その積み重ねが禅を生きることにほかならない。まさしく、

没量《もつりょう》の大人《たいにん》も、這裏《しゃり》を出《い》づることを得ず。（没量大人、出這裏不得）
《どんなに優れた別格の人物も、ここから出ることはできない》

『趙州録』第一二段

なのだ。

初暦《はつごよみ》　如来に死期はなかりけり

正岡子規（一八六七〜一九〇二）、俳人・歌人、国語学研究家

死期を予告されている子規が、自ら如来（南無子起《しき》如来）となって、元旦の「今朝《いま》」を迎えた、生死を超えた峻烈な見事さだ。

第八節　禅は「知性の破産」を迫る——門より入るものは家珍《かちん》にあらず

知性は実はそれ自体恐ろしいもの——
すべてを見、すべてを知るが、実は何も理解してはいないのだ。
原爆を創り出すように、そのすべてをかけて己れを滅ぼすことだってするのだ。
そう、あの正直なイアーゴのように。

He(Iago) is the final proof that the intellect by itself is monstrous. It sees everything, it knows everything, it understands nothing. It creates atom bombs. Like Iago, for all intelligence, it destroys itself.

Lindley Williams Hubbell, *Lectures on Shakespeare*, p.91

世間の人は頭を使いすぎる
頭を使うことは止めて
自分の内側のバランスをとってごらん

すると心配や憂鬱が
どんどん薄らぐ
だいたい
世間が「よし」とか「だめ」とか言ったって
それが君にとって何だと言うんだね

加島祥造「自分の内側のバランスをとる」『老子―タオ』（筑摩書房、二〇〇〇年）

よしあしの文字をもしらぬひとはみな　まことのこころなりけるを
善悪の字しりがおは　おおそらごとのかたちなり

親鸞《しんらん》「正像末和讃《しょうぞうまつわさん》」

学問は　尻からぬける　ほたる哉

與謝蕪村《よさのぶそん》（一七一六～八四）、江戸中期の俳人・画家『蕪村句集』

多知広学《たちこうがく》ハ是《こ》レ客塵煩悩《きゃくじんぼんのう》トテ、悟リヲ添ウル因縁ナリ……悟りは元《もと》の自性《じしょう》ナリ、自性《じしょう》是《こ》レ仏《ぶつ》、仏是《ぶっこ》レ道《どう》、道是《どうこ》レ智慧《ちえ》也。此ノ智慧ハ、人々具足《にんにんぐそく》シ、箇々円成《ここえんじょう》シテ、諸仏衆生《しゅじょう》ノ、本地《ほんち》ノ風光、本来ノ面目《めんもく》也。是《こ》レヲ悟ルコト、只志シニ依《よ》リテ、文字ヲ知ルト知ラザ《ザ》ルトノ隔《へだて》無シ。

抜隊得勝《ばっすいとくしょう》（一三二七〜八七）『塩山和泥合水集《えんざんわでいがっすいしゅう》』中巻、七頁

学を絶てば憂いなし。（絶学無憂）

『老子』二〇章

知多ければ敗《やぶ》ることを為《な》す（多知為敗）

『荘子』在宥篇、第一一

書は言《げん》を尽くさず、言《げん》は意を尽くさず。（書不尽言　言不尽意）

『易経《えききょう》』繋辞上

手考足思《しゅこうそくし》

《頭だけに頼らず、手足を使った日々の生活の中で思いを巡らし、考えを深めよ》

河井寛次郎《かわいかんじろう》（一八六〇〜一九六六）、陶芸家

人生に無駄がないということは、言葉で知っておるだけではただの知識であって、本当に分かったとは言えない。私は八十五歳になって、しみじみと自分の人生に無駄がなかったことに気づいた次第である。

平澤興（一九〇〇〜八九）、脳神経解剖学者。京都大学第一六代総長

知を手放してこその安らぎ。ほんとに惨めなのは知を手放せないでいるお偉方さん。
From ignorance our comfort flows. The only wretched are the wise.

Matthew Prior(1664-1721)、イギリスの詩人・外交官

ハングリーであれ、愚か者であれ。
Stay hungry, stay foolish.

Steve Jobs（1955-2011）、アップル社の共同設立者の一人。米国実業家

わが生や涯《はて》ありて、知や涯《はて》なし。涯《はて》あるものをもって、涯《はて》なきものに随《したが》えば殆《あやう》きのみ。
殆《あやう》きのみなるに、知を為す者は殆《あやう》きのみなるかな。

『荘子』養生主篇、第三

もしあなたがたのうちに、自分がこの世の知者だと思う人がいるなら、その人は知者になるために愚かになるがよい。なぜなら、この世の知恵は、神の前では愚かなものだからである。

『新約聖書』コリント人への第一の手紙、第三章第一八〜一九節

知識は人を誇らせ、愛は人の徳を高める。

『新約聖書』コリント人への第一の手紙、第八章第一節

人生では自分に何ができるか、実際にやってみないと何事も始まらない。特に恋の場合にはね。

Man has to pick up the use of his functions as he goes along – especially the function of Love.

E. M. Forster(1879-1970)、イギリスの小説家・評論家

よろしい。しずかにしろ。申しわたしだ。このなかで、いちばんえらくなくて、ばかで、

めちゃくちゃで、てんでなっていなくて、あたまのつぶれたようなやつが、いちばんえらいのだ。

宮沢賢治「どんぐりと山猫」『宮澤賢治』（ちくま日本文学003、筑摩書房、二〇〇七年）

この「即今《そっこん》」「ここ」つまり「這箇《しゃこ》」を別の視点から言えば、それは「知性の破産」である。『無門関《むもんかん》』無門慧開《むもんえかい》の自序中のことば「門より入るものは是《こ》れ家珍《かちん》にあらず」（従門入者不是家珍）がこれを物語る。門は眼《げん》（視覚）・耳《に》（聴覚）・鼻《び》（嗅覚）・舌《ぜつ》（味覚）・身《しん》（触覚）の五つの感覚器官に、認識器官としての意根《いこん》（こころ）を加えた六根《ろっこん》。どこまでも己事《こじ》究明を求める禅では、これらの器官を通して外から入る知識や情報は、所詮借りものに過ぎず取るに足りない（家宝として秘蔵するに値しない）と言うのだ。さらに、こうした知識や情報を評価して、二元的分別《ふんべつ》を下すこころのはたらき（意識）もまた意根として六根の一つに加えられている点は注目に値する。多知広学《たちこうがく》や分別意識もまた客塵煩悩《きゃくじんぼんのう》（仏性《ぶっしょう》という心の鏡にかかったチリ）なのだ。

この点で親鸞《しんらん》八八歳のとき詠まれたとされる前記和讃《わさん》「よしあしの文字をもしらぬひとはみな　まことのこころなりけるを　善悪の字しりがおは　おおそらごとのかたちなり」の一節は、親鸞自身の慚愧《ざんき》のことばとされるが、わたし自身省みてキリリと胸に刺さる思いだ。

このようなこともあってか、僧堂で修行中の雲水《うんすい》たちは、老師とよばれる師家《しけ》からしばしば

「バカになれ」「バカになれ」と叱咤激励される。「お前さんは賢いのう」と軽くあしらわれることもある。それは学人《がくにん》（雲水、求道者《ぐどうしゃ》）が与えられた宿題である公案（深い禅体験をもつ祖師たちが自由に自己の禅境を披瀝した問答や言行。同時に修行僧の禅境を深める禅の問いとして師家によって用いられる）を頭で考える習性を断たせようとする師家の慈悲心にほかならない。頭が手足の上にのっかっている「事実」に立ち返らせようとするのだ。本来、人は自らの手足の経験に基づいて長い人間の歴史を紡いできた。ところが近代に入って都市化が進み、人間の生活が段々と自然から遠ざかるにつれて、額《ひたい》に汗して手足を使うことを避けるようになり、肉体労働を３Ｋ（キツイ、キタナイ〈汚い〉、キケン〈危険〉）などと見なして他人《ひと》に任せ、頭脳労働の方が立派な仕事だと考えるような錯覚すら生まれてきた。知性の過信と偏重の始まりである。こうして現代の文明社会の中では、皆が競ってなけなしの頭脳に過重の負荷をかけるようになり、いまや日本における自死者は年間約三万人に近い。明治維新以来われわれが信奉してきたデカルト的な近代西洋文明の行き詰まりを示して余りある。

　繰り返して言うが知性の成長・発達は全き善ではない。それは現にいまも自己の体内に息づき流れている「宇宙の大生命《いのち》」（始源の一元絶対平等地）を感得する生来具有の直覚力の鈍化（退化）をもたらしかねないからである。

　だからこそ禅は、こうして頭脳偏重・知識偏重信仰に侵《おか》された、頭でっかちでひよわな現代人の知性の回路を一度遮断しようとするのだ。禅が求めるのは、人人《にんにん》（人それぞれ）の体験に基づく仏性《ぶっしょう》――人間に与えられたもっとも崇高で汚れのない天賦の心性、「わたし」という一個のこの小さな存在のなかにさえ、「わたし」を生かそうとする測り知れない「宇宙の大生命《いのち》」がはたらいていること――への覚醒、「体解《たいげ》・体認《たいにん》」（身体で自覚・認識すること）なのだ。この大宇宙のいのちとそのエネルギー（宇宙の真理）の一人の小さな体現者となって、日常の生活の中で等身大の自分を生きることなのだ。重ねて言うが、禅は思想や哲学では決してない。

この点を例の臨済義玄《りんざいぎげん》はつぎのように喝破する。

学人信不及《がくにんしんぶぎゅう》にして、便《すなわ》ち名句上に向かって解《げ》を生ず。

《この点が信じられないから、徒《いたず》らに文字づらを漁《あさ》るのだ》

（学人信不及、便向名句上生解）

『臨済録』示衆（岩波文庫、九八頁）

と。元南禅寺管長、故・柴山全慶老師が、公案を評して「一切の知性を無慈悲に奪い去るもの」（『無門関講話《むもんかんこうわ》』創元社、一九七七年、一五九頁）と言い、世界的宗教学者であった鈴木大拙《だいせつ》が「概念的知識はある点ではわれわれを利口にするが、これは皮相なことにすぎぬ。生きた真理そのものではない」(『禅と日本文化』岩波新書、一九六七年、一五一頁)と言うのもまさにこだ。

大拙は二一歳のとき、当時の鎌倉円覚寺《えんがくじ》管長・今北洪川《いまきたこうせん》老師のもとに初めて参禅。今北老師が、土鍋から粥を椀にすくって朝食をとるその姿に、圧倒されるほどの深い感銘を受けた、という。それはことば以前の身体が語る圧倒的な禅の存在感である。大拙は九五歳の全生涯を、その感銘のままに自らも禅の「体現者」となって生きた。その上で禅が第二義とみなす「ことば(彼の場合は英語)」を自在に駆使して、世界に向けて禅を発信し続けた。

禅は、特に現代の知性人に対して、このようにバカになることを求める。それは何も知性や知識が不要だというのではない。知識が単なる説明や自己武装、さらには自己正当化の道具となり、自ら真実(事実)を摑むという体得上の障害になることが多いためである。知識は必要である。だが知識を超える(凌駕する)ことはもっと重要なのだ。

この点で、禅は、対象知の追求に留まっている学問の世界とは明らかに異なっている。禅は「主体知の行《ぎょう》」であり、「行《ぎょう》の主体知」だからである。

この意味で、よく知られたサン・テグジュペリの『星の王子さま』のつぎの一節は、実に示唆に富んでいる。

……そんなわけですから、「(星の)王子さまは、ほんとにすてきな人だった。にこにこしていた。ヒツジをほしがっていた。それが王子さまがこの世にいた証拠だ」……などといったら、おとなたちは、あきれた顔をして、「ふん、きみは子どもだな」というでしょう。だけれど、王子さまのふるさとの星は、B－612番の星だといえば、おとなの人は、「なるほど」といった顔をして、それきり、なにもきかなくなるのです。おとなの人というものは、そんなものです。わるく思ってはいけません。子どもは、おとなの人を、うんと大目に見てやらなくてはいけないのです。

だけれど、ぼくたちには、ものそのもの、ことそのことが、たいせつですから、もちろん、番号なんか、どうでもいゝのです。

内藤濯《あろう》訳『星の王子さま』(岩波書店、一九六二年、二二頁)

禅語に「学語之流《がくごのりゅう》」という(『雲門匡真禅師広録《うんもんきょうしんぜんじこうろく》』巻下)。文字言句の詮索にのみ汲々《きゅうきゅう》としてその真意を解しない浮薄の徒を指す。また「脚跟下《きゃっこんか》に道《みち》あり」ともいう。己れと道(真実、真理)とは一つの処、直下《じきげ》に自らつかみとれ、との謂《い》いだ。よく知られた前述の「教外《きょうげ》別伝《べつでん》」もまたこの間の消息を指す。真実や真理の把捉《はそく》は、教理経典による頭脳の理解ではなく、己れが「成る」という自己の体験的自覚以外にはないからである。真実は文字づらの上にあるのではない。その端的な実例を『趙州録《じょうしゅうろく》』第四五〇段に見ることができる。

定州に一座主《ざす》有って到る。師問う、「何の業《ぎょう》をか習す」。云く「経・律・論は聴かずしてすなわち講ず」。師、手を挙《こ》してこれを示す。「還《かえ》って者箇《しゃこ》を講じ得るや」。座主茫然として知らず。師云く、「たとい你《なんじ》聴かずしてすなわち講じ得とも、また只これこの経論を講ずるの漢なるのみ。もしこれ仏法ならば、いまだ在らず」。……主、語なし。

《定州の一人の座主《ざす》が趙州《じょうしゅう》（河北省）観音院に趙州を訪ねた。趙州に「どんな学業を参究しておられるか」と尋ねられた座主は、「経・律・論の三蔵くらいの経典なら、師匠に尋ねなくても直《す》ぐにでも講じられます」と得意げに答えた。そこで趙州、手を上げて示して座主に迫った。「ではこれ（者箇《しゃこ》）を講じてみよ」と。何のことだか分からないで茫然としているこの座主に向かって、趙州は言った。「お前さんが、たとえ師匠に聞かないで、三蔵の講義ができたとしても、それは経・律・論について字面《じづら》の講釈をしただけのこと。そんなところに仏法なぞない。お前さんはまだまだ仏法の何たるかを少しも分かっていない」と。……座主は返す言葉もなかった》

（定州有一座主到。師問、習何業。云、経律論不聴便講。師挙手示之。還講得者箇麽。座主茫然不知。師云、直饒你不聴便講得、也只是箇講経論漢。若是仏法未在。……主無

語)

『趙州録』第四五〇段

まさしく「門より入るものは家珍《かちん》にあらず」だ。外来の知識、外から聞いただけの知識は自己のものではないのだ。

趙州《じょうしゅう》の言いたいこと、それは一言でいえば「知的追求だけでは仏法にはならぬ。人人《にんにん》(一人ひとり)が本来生まれながらに自己に具《そな》わっている自己の仏性《ぶっしょう》(仏心、自性清浄心《じしょうしょうじょうしん》、自己の内なる宇宙のいのち)に覚醒し、その『仏と成る』という自己の体験を基に、仏法(仏陀が発見し、彼の説いた宇宙の真理)を行住坐臥《ぎょうじゅうざが》自らの日常底《てい》に体現したものでなければならぬ」ということにほかならない。自己の仏性の体験的了得を、「即今《そっこん》ただいま」「ここ、この場」で、「このわたし自身」の上にたちどころに示すことが求められる。それでこそ仏法が「今ここに生きている」ことになるからだ。

このように禅は、知的追求の対象とされることを極度に嫌う。禅は飽くまでも無の体験であって、無の思想ではない。

この意味で、冒頭の聖書の一句は意味深い。イエス・キリストの使徒パウロが、コリント(アテネの隣の港町)に住むキリストを信じる人たちに宛てた手紙の中で、知識は人を誇らせ、愛は人の徳を高める。もし人が自分は何かを知っていると思うなら、その人は、知らなければならないほどの事すら、まだ知っていない。

『新約聖書』コリント人への第一の手紙、第八章第一〜二節

と述べているのも、こうした消息を物語っている。

また、広く仏教一般では「聞《もん》・思《し》・修《しゅう》」ということがよくいわれる。聞法《もんぽう》、すなわち仏法を「聞く」ことに始まり、「学んで頭で考える（思）」レベルから、更に進んで自らの日常生活の一挙手一投足の上に、それを「実践すること（修）」が求められる。仏作仏行《ぶっさぶつぎょう》（仏《ほとけ》となって生きる、生き仏）、それこそが眼目だというのだ。

この点で道元は、先述のように「知」のもつ危険性を次のように指摘する。

自己をはこびて万法《ばんぽう》を修証《しゅしょう》するを迷《まよい》とす、万法すすみて自己を修証するはさとりなり。

『正法眼蔵《しょうぼうげんぞう》』現成公按《げんじょうこうあん》

これは、まさに無意識のうちに己れの知をもって万事を測る尺度とし、その基準に合わぬも

のを切り捨てようとする知の危険性への警鐘である。人間は自然の摂理のなかに包まれ、その中で生かされている存在（その一個の具現体）であるにも拘わらず、知らず知らずのうちにその不変の真理（万法《ばんぼう》）を己れの側に引き寄せ、従わせようとする傲慢を犯しているものなのだ、と。

このように考えると、「洞山麻三斤」（『無門関《むもんかん》』第一八則）や「東山水上行」（『雲門広録』）などの人を喰ったような不可解な答話は、まさに「自己をはこびて万法を修証する」人間の愚かさを一刀両断するためにほかならない。だからこそ紀元前四世紀の中国・戦国時代に生きた荘子もまた天理との帰一《きいつ》、自然への回帰を説いて冒頭の養生主篇の中で次のように言うのだ。

知を為す者は殆《あやう》（危）きのみなるかな。

と。

また、南海の帝・儵《しゅく》と北海の帝・忽《こつ》が、中央の帝・渾沌《こんとん》の施してくれた歓待のお返しにと、渾沌ののっぺらぼうの顔に、彼ら二人と同じように目・耳・鼻・口の七つの穴を、一日一つ（一竅《いっきょう》）ずつ彫《ほ》ってやったところ、渾沌は七日目に死んでしまった、という老子の「渾沌寓話」もまた、生命《いのち》に先立つ二元相対の知の危うさを指摘している。

こうしたわれわれ人間の知性のはたらき（認識）の不確かさ、それを載せる道具としてのコトバの不自由さを示す一つの例として、文化人類学者ブレント・バーリン（Brent Berlin）とポール・ケイ（Paul Kay）とによる、人間の認識する色彩の種類と、それを表わす基礎的な色彩語（basic color terms）の研究をあげることができる（Berlin, Brent & Kay, Paul(1969), *Basic Color Terms : Their Universality and Evolution,* Berkeley and Los Angeles : University of California Press)。

彼らが調査した九八の言語（うち二人の収集資料は二〇言語）では、人間が認識する基本的な色彩とそれを表現する語彙との間に、明るい色と暗い色（白黒とその周辺の色調）の二種類のみを認めて表現するニューギニア中央高地のJalé語（hólo と siŋ）や、アフリカ、コンゴのチャド語（Chad）に属するNgombe語（bopu と bohindu）から、最も多い一一種類の基本色彩語（白、黒、赤、緑、黄、青、茶、紫、ピンク、オレンジ、灰色）をもつ日本語や英語、スペイン語などの言語があるという（ロシア語やハンガリー語ではそれぞれ青、赤についての新しい基礎語が加わって一二種類とも）。現実に存在する色彩のスペクトルは同じであっても、われわれ人間の色彩認識の違いやズレ、それらを表現するそれぞれのコトバの多様性を示して興味深い（彼らによれば、基礎的色彩語の多少は、人口サイズ、テクノロジーとも関連して、進化の一側面を示しているという）。

先述の鈴木大拙《だいせつ》は「禅による生活」の中で、単刀直入にこの点を次のように喝破する。

> （禅は）言語や概念を完全に支配するところにある。禅は言語や概念の奴隷となるのではない。

と。

これはまた、柳宗悦《やなぎむねよし》の民芸運動に加わり日本民芸館を創設した、昭和期を代表する陶芸家・河井寛次郎《かわいかんじろう》（一八九〇〜一九六六）が、その作陶を通した自らの実体験を、冒頭の「手考《しゅこう》足思《そくし》」の一句に結晶させているのと、軌を一にする。行解《ぎょうげ》一致、知解と修行（業）、両者はどこまでも本来一枚でなければならない。

河井寛次郎書「手考足思」
（河井寛次郎記念館所蔵）

さらに加島祥造さんは言う、「体は頭より賢い」と。それが証拠に「頭で覚えたことは時間が経つと忘れてしまうが、体が（いちど）覚えたことは、ずっと消えない」からだと（『わたしが人生について語るなら』ポプラ新書、二〇一三年、六四、八〇頁）。

まさしくわれわれの知性（意識）は、感性による体験的裏付けがあってはじめて健全な思考となり判断となる。禅は、この長ずるにつれて二元相対の分別に陥ってゆくわれわれの知性に揺さぶりをかけ、知性をいま一度初期化して、意識以前のレベル（父母未生《ぶもみしょう》以前の本来の面目《めんもく》、すなわち絶対無差別の本来の自己、アダムとイヴの楽園追放以前）に立ち返らせ、リセットしようとしているのだ。前後の脈絡を欠き、一見論理的つながりの見えないトンチンカンな公案こそ、実はそのために周到に用意された「知性の破産」を迫る破壊兵器なのだ。

最後に、つるいきよさん作詞作曲の「赤ちゃんのお仕事」の第一節を示してこの節の結びにしたい。

何でもナメナメ　何でもカミカミ
何でもクシャクシャ　何でもトントン
何でも引っ張る　何でも投げてみる
だって　やってみないとねえ
わからないいんだ　この世のこと
トライ　トライ　トライ　試して　試してわかる

トライ　トライ　トライ　それが赤ちゃんのお仕事

まさしく禅の世界は、頭で「分かった」ときには分からない。全身で「うなずく」ときに納得できる世界なのだ。

禅が人人《にんにん》に求めるもの、それは己事《こじ》究明を求めて自らを掘る炭坑夫であり、街頭に立つ街宣車ではない。

第九節　ことばに頼るな――手で考え足で思う（手考足思）

真実は言語表現を創り出すが、創られたる言語は真実のぬけがらに過ぎぬ。

柴山全慶『訓註 無門関《むもんかん》』（其中堂、一九八二年、九七頁）

至道無難《しいどうぶなん》、唯嫌揀択《ゆいけんけんじゃく》。纔《わずか》に語言《ごげん》有れば、是《こ》れ揀択《けんじゃく》、是《こ》れ明白《めいびゃく》。
《真理の大道（仏道）は決して難しいものではない。ただものを対立的に眺めてその一方を選び出し、それに執着することがいけないのだ。だからことばにした途端、もうそれは選《よ》り好みとなり、二元相対の世界に堕《お》ちてしまうことになるのだ》
（至道無難、唯嫌揀択。纔有語言、是揀択、是明白）

三祖僧璨《そうさん》撰『信心銘《しんじんめい》』、『碧巌録《へきがんろく》』第二則

前述の「知性の破産」を迫るということの意味を端的に証明したことばがある。西陣織の絵師の家庭に育った日本画家・加山又造さん（一九二七～二〇〇四、東京藝術大学名誉教授、二〇〇三年文化勲章受章者）が、日本経済新聞の「私の履歴書」（一九九二年七月一日）のなかで語っている次のことばである。

私は、文字を覚える以前から絵や文様に親しんだ。馬という名称を知るより先に、馬の絵を描くことができたように思う。のちに学校で学ぶ「うま」とか「馬」という文字による表現は、私にとってはなはだ具体性の乏しい、無責任な単なる記号でしかなかった。
私のウマは、鼻づらがしっとりと濡れ光り、長い顔にたてがみ、美しい四肢を持ち、いななき、ひづめの音のするものだった。イメージの中でそれらのウマは、あるときは紋様化され、記号化され、それも横向き、正面、一頭、大群とさまざまであった。だから私は、ことばや文字を覚えるのに非常なとまどいを覚え、苦労した記憶がある。

まさに言いえて妙、これ以上のことはあるまい。
「知性の破産」を迫るということは、ことばを返せば「ことばに頼るな」ということである。「不立文字《ふりゅうもんじ》」とはまさしくそれなのだ。それにも拘わらずわたしは、その脱《ぬ》け殻とされる「ことば」の研究である言語学を自分の主専攻とし、生涯それでもって糊口《ここう》をしのいできたのである。だからこそわたしは『無門関《むもんかん》』第三七則の「庭前栢樹子《ていぜんのはくじゅし》」に付された、無門慧開《むもんえかい》禅師のつぎの頌《じゅ》（この頌は実は洞山守初《とうざんしゅしょ》〈九一〇～九九〇〉の上堂語をそのまま借用した、いわば剽窃《ひょうせつ》句）にぶつかって絶句したのだった（前述三九頁および後述一九九頁参照）。

言《げん》は事《じ》を展《の》ぶることなく、語《ご》は機に投ぜず。
言《げん》を承《う》くる者は喪《そう》し、句に滞《とどこお》る者は迷う。
（言無展事　語不投機　承言者喪　滞句者迷）

そして前述のように、生涯この頌の四句と格闘しつづけ、また苦しむことにもなったのである。

しかし、少し立ち止まって考えてみると、われわれ人間は意識脳である左脳によって「ことば」を獲得することと引き替えに、生来の絶対音感（音の周波数を特定できる能力。例えばピアノ中央の「ラ」音は通常四四〇ヘルツ）を失い、相対音感（単に音の高低を比較認識する能力）でそれを補って生活してきたのではなかったか。われわれがいくら「ホーホケキョ」と呼びかけても、ウグイスはなぜ反応してくれないのか。

第三〇三世東福寺派管長、故・福島慶道《けいどう》老師（一九三三～二〇一一）は、かつてわたしに次の一句を示して揮毫《きごう》して下さった。

Watch, touch, and bite!

絶対音感回復の唯一の手だてに他なるまい。コトバによる冷徹な観察だけでは事実の真実は摑みとれない。鷲摑《わしづか》みにして、噛んで、噛んで、噛み砕け！　と。大切なのは知的理解を超えた領得《りょうとく》、体解《たいげ》なのだ。

まさに「説似一物即不中《せつじいちもつそくふちゅう》」（一物を説き示すも、即ち中《あた》らず。説似＝説示）、少しでも何か言挙《ことあ》げしようとすれば、もうそれはピント外れだ、というのだ（『臨済録』示衆一四、岩波文庫、一二七頁）。

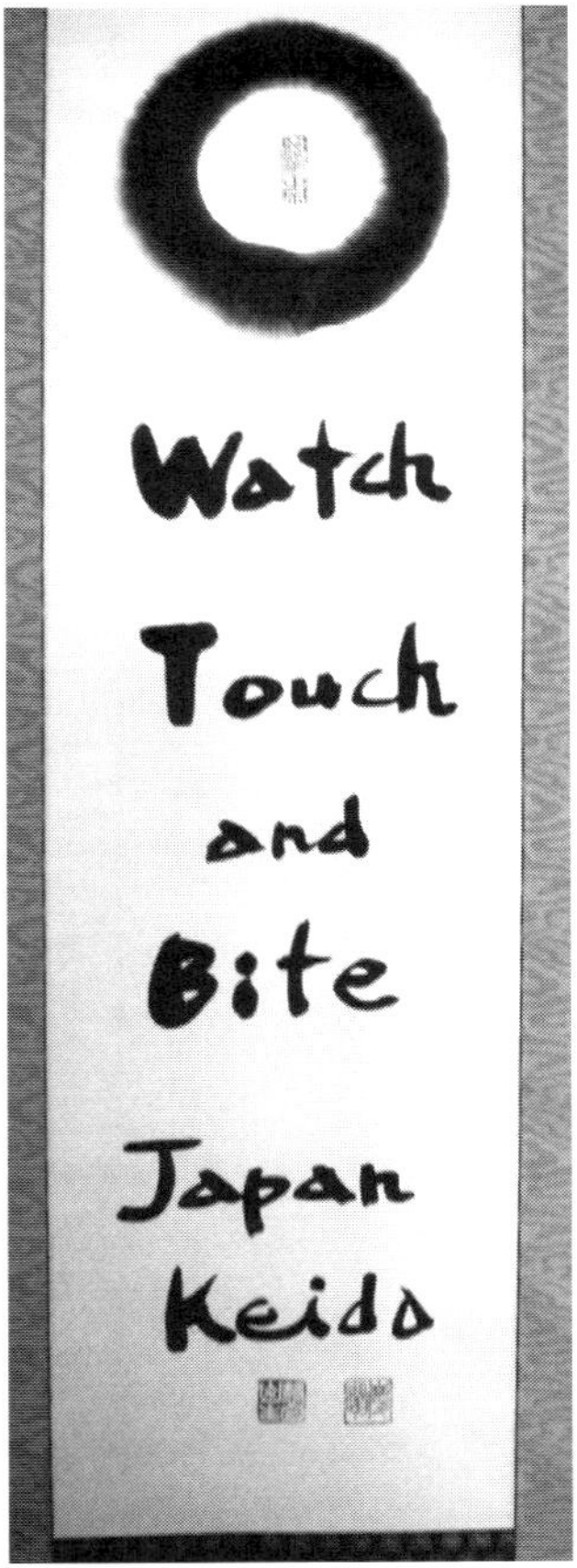

第一〇節　禅は比較を嫌う――超二元の世界

トマトよりメロンのほうが高級だ、
なんて思っているのは、人間だけだね。
それもね、欲のふかい人間だけだな。

トマトもね、メロンもね、
当事者同士は比べも競争もしてねんだな。
トマトはトマトのいのちを、
メロンはメロンのいのちを、
ただ精一杯生きているだけ。

相田みつを「トマトとメロン」『新版　にんげんだもの　逢』(角川書店、二〇〇〇年)

まっ黒いぞうきんで　顔はふけない

まっ白いハンカチで　足はふけない
用途がちがうだけ
使命のとおとさに変りがない
ハンカチよ　たかぶるな
ぞうきんよ　ひがむな

河野進「使命」『ぞうきん』（幻冬舎、二〇一三年）

春は花　夏ほととぎす　秋は月　冬雪冴《さ》えて　冷《すず》しかりけり

道元

見るところ花にあらずといふことなし。思ふところ月にあらずといふことなし。

芭蕉『笈《おい》の小文《こぶみ》』

昔、荘周夢に蝴蝶《こちょう》となる。……（中略）……自ら喩《たの》しみて志に適《かな》ふかな。……（中略）……知らず、周の夢に蝴蝶となりしか、蝴蝶の夢に周となりしかを。

『荘子』内篇、斉物論篇

ならひのなきを極意とする。

千利休

これまで禅は「成る」世界であり、「即今《そっこん》」「這箇《しゃこ》」を直示《じきし》する世界であり、「知性の破産」を迫るものだと言ってきた。すでに触れてきたところでもあるが、それは、禅は知性の発達とともに、ますます肥大し強靭になってゆくわれわれの二元相対の分別《ふんべつ》意識を粉砕し、さらにそれを超える（transcend）ことを人人《にんにん》に迫る自己体験の宗教だ、ということになる。

この点で正（テーゼ、命題、thesis）・反（アンチテーゼ、反対命題、antithesis）・合（ジンテーゼ、統合命題、synthesis）が繰り返し展開されてゆくヘーゲル的弁証法（Hegelian dialectic）の考え方とは明らかに異なっている。ヘーゲル的弁証法では、止揚《しよう》（アウフヘーベン、aufheben）されたはずの高次の概念であるジンテーゼ（合）が、再びその止揚されたレベルで新たなテーゼ（正）として定立することになるからである。こうしてヘーゲル的弁証法ではどこまでも正・反・合が繰り返されてキリがない。禅はこの繰り返しを断ちたいのだ。

なぜなら、この二元相対や比較にわれわれを走らせるものは、われわれの誇る知性であり、人間が本質的に持っている欲望だからである。われわれが母親の胎内から生み落とされたとき、それは意識も何もない意識以前の単なる肉塊に過ぎなかった。この一個の肉塊（生命体）がやがて煩悩の塊へと変貌して行くのは、まさしく知性の芽生えに伴うこの「比較」のためである。だから禅は、この二元相対に走ろうとするわれわれの知性のはたらきを、一度徹底して否定しろ、と肉薄してくるのだ。禅が二元相対や比較を嫌う所以《ゆえん》である。

これはまた、今日進歩の著しい生命医学の基礎分野における山中伸弥博士らの先駆的な研究である皮膚細胞からｉＰＳ細胞（induced pluripotent stem cells：人工多能性幹細胞）を創り出すという過程にも喩《たと》えられようか。

一般に一個の生命体は、受精卵（fertilized egg）→ＥＳ細胞（embryonic stem cells：胚性幹細胞）→組織幹細胞（神経幹細胞、造血幹細胞など）→分化細胞へと進化して、三万種類の遺伝子、二〇〇種類、六〇兆個の細胞をもつ成体となる。山中博士らの研究は、この受精卵から成体への進化の過程を、胚性幹細胞を用いないで、皮膚という一個の分化細胞から逆に進化の過程を遡《さかのぼ》って、人工的に万能幹細胞を創り出す、という意味で画期的なものとされる。

禅が、「二元相対を超える」といい、「父母未生《ぶもみしょう》以前の本来の面目《めんもく》」といい、「自己意識以前の自分に還《かえ》る」ことを目指そうとするのは、まさに進化して分節化し知性化した、いま現にわれわれの持っている「分化細胞」から、この「万能幹細胞」への回帰を志向することに似ていると言えよう。それは忙しい現代社会のなかで、「上実下虚《じょうじつかきょ》」（頭のみ肥大化し、身体能力の衰えた姿）に片寄った現代人をbrain-washingして、「上虚下実《じょうきょかじつ》」（頭は軽く、身体能力の充実した姿）へと転換し、unlearning（脱学習）の原初世界、「心身」ではなく「身心」世界に、いま一度回帰させることに他ならない。知性（意識）以前の「感性の原初世界」への初期化である。坐禅とはまさしくこの「上虚下実」を実現するための具体的な実践法なのだ。

一方、これを哲学の分野で追求しようと試みた哲学者に、京都学派を創った中心人物、西田幾多郎博士（一八七〇～一九四五）がある。西田哲学と言えば、「絶対矛盾的自己同一」という難解な彼のことばを思い浮かべる人はいまも数多いに違いない。一つの事象も、一見絶対相互に相容れないように見えるものが、実は直接・間接の諸条件や関係性、また場といった、いわば「縁起」によって通底していて、その結果生起するのだ、との謂《い》いである。個物そのものを単独にみるよりも、個々それぞれの個物が相互に織りなす関係性の局面にこそ事実の真実が現われる、とでも言えよう。これは通仏教的には「衆縁和合《しゅえんわごう》」（「これある故にわれあり」「われある故にこれあり」とする相互依存関係）の因縁説と通底している。

またことばの面からみると、主語に優位性を与えて述語を考える西洋の言語学の発想とは異なって、主語の省略が日常的な、述語を中心とする日本語的な発想の世界に近い。

日常的にもわれわれは時として

「今日のわたしは昨日までのわたしとは違います」

などといったことばを耳にすることがある。それはそれまでの経験（述語）が、昨日までなかった今日の自分（主語）を新しく作ってくれた、と言っているに等しい。人間は、毎日の経験を取り込みながら、それを無意識のうちに血肉化し、自己を形成してゆくものだからである。

また、日暮れどき、いまでもお寺のあの懐かしい入相《いりあい》の鐘が響いてくる村落も残っていることだろう。その鐘の音《ね》を撞《つ》く寺の住職は、まるで子守歌でも歌うかのように
「鐘が鳴るかや、撞木《しゅもく》が鳴るかや、間《あい》が鳴る」

と歌う。鐘も撞木もそれ一つでは音の鳴らない絶対個物である。しかしこの二つの異なる個物がぶつかり合うという一瞬の同一化された局面で、あの「ゴーン」という懐かしい響きと「成る」。まさに鐘が鳴るのでも、撞木が鳴るのでもない。間《あい》が鳴るのである。

お椀の有用性もまた然り。お椀という形体（有）が有用なのは、なかに盛る空間（無）あっての有用性である。すなわち「無」が「有」を有効ならしめているのである。長次郎創出の手ひねりの楽《らく》や織部《おりべ》の茶碗、また唐物《からもの》茶碗の油滴天目《ゆてきてんもく》の美しさ（形式美）も、その中（見込《みこみ》）に抱きかかえられた「無」の小宇宙によって創出されたものである。わたしたち（有）もまた同様。この「無《ゼロ》」の自覚である。

禅語のなかに、しばしば人を喰ったような一見「非常識」に属する類いの公案《こうあん》（禅の問い）や問答が現われるのはこのためである。例えば前出の禅語のほかにもよく耳にする有名な、

「隻手音声」（隻手《せきしゅ》の音声《おんじょう》）、「石上栽花」（石上《せきじょう》に花を栽《う》ゆ）

といった公案の例がある。

前者は、日本臨済禅《りんざいぜん》中興の祖と称される、江戸時代の大禅匠・白隠《はくいん》禅師（一六八五～一七六八。僧名・慧鶴《えかく》）が創唱した有名な公案。両手を叩けば音が出るのであれば、ではその片手の音とはどんなものかという人を喰った問いで、われわれの分別《ふんべつ》や常識を覆すように迫ってくる。それは二元相対の対立的認識を超えて、思慮分別のはたらく余地のない絶対的認識の立場、すなわち絶対無差別の自己に立ち返ることを人人《にんにん》（われわれ一人ひとり）に迫るものである。「無心のこころを体得《たいとく》して出直してこい!!」との檄《げき》である。「音のない本物の音」とは何か、その無音の音を聴け、という「己事《こじ》究明」の徹底化だ。その困窮の果てにほの見えてくる「無」の自覚、もともとカラッポでしかない己れへの回帰。その徹底した実体験を通してはじめて人は本来の生活に立ち返ることができる、というのだ。

白隠は道を求めて彼を訪ねてきた一商人に対して、この「隻手の音声」の公案を与えたのち、

「隻手の音声を忘れ果て、両手叩いて商売繁盛」

と呵々《かか》大笑《たいしょう》したという。いま与えた公案もすっかり忘れて、商売繁盛に手を叩いて大喜びし

ているこの商人の姿に、実は当の本人も気づいていない、自覚（認識）を遥かに超えた生活禅（生活のなかに生きてはたらく無心）が無意識のうちに生きているからだ。

他方、『虚堂録《きどうろく》』巻中に見られる後者の「無心の石上に花を栽《う》ゆ」の一句もまた、常識や分別の支配下にあるわれわれの相対的認識を粉砕させることを企図したものであることに変わりはない。いずれも思慮分別の尽き果てたところで初めて開かれてくる本来清浄《しょうじょう》の無位無相の自己に目覚めさせようとする「禅の徹悃《てっこん》（熱誠《ねっせい》）の親切」を示すものである。

一方、こうした禅の境地が絵画の面で示されることもある。一四世紀中国・元代の画家・因《いん》陀羅《だら》（生没年不詳）の描く「丹霞焼仏図《たんかしょうぶつず》」は、われわれにその徹底否定を迫る優れた一例であろう。そこには中国・河南省の慧林寺《えりんじ》で大寒に遇った丹霞天然《たんかてんねん》（七三九〜八二四）が、木仏を燃やして暖をとっているさまが描かれている。同行の僧の詰問に、彼はなお両手を火にかざしたまま静かに笑みをたたえて振り向く。一見人を喰ったように見えるこの禅機《ぜんき》画が示そうとしているのは、文字どおり経典や仏像そのものを否定しているのでも、それらが示す真理を否定しているのでもない。どんなに素晴しい教えが説かれた経典であろうと、また、どんなに立派な仏像であろうと、それに囚われてしまえば、最早それは執着という煩悩であることに変わりはない。須弥壇《しゅみだん》上のホトケは偶像。それを拝む自分が反照されて「生き仏《ぼとけ》」になることが肝要なのである。まさに聞・思・修の実践である。

郵便はがき

料金受取人払郵便

神田局
承認

8956

差出有効期間
2018年9月
30日まで

切手を貼らずに
お出し下さい。

101-8796

537

【受 取 人】

東京都千代田区外神田6-9-5

株式会社 **明石書店** 読者通信係 行

お買い上げ、ありがとうございました。
今後の出版物の参考といたしたく、ご記入、ご投函いただければ幸いに存じます。

ふりがな お名前	年齢	性別

ご住所 〒　　　-

TEL　（　　　）　　FAX　（　　　）

メールアドレス	ご職業（または学校名）

＊図書目録のご希望	＊ジャンル別などのご案内（不定期）のご希望
□ある □ない	□ある：ジャンル（　　　） □ない

書籍のタイトル

◆本書を何でお知りになりましたか？

□新聞・雑誌の広告…掲載紙誌名[ ]
□書評・紹介記事……掲載紙誌名[ ]
□店頭で □知人のすすめ □弊社からの案内 □弊社ホームページ
□ネット書店［ ］ □その他[ ]

◆本書についてのご意見・ご感想

■定　価 □安い（満足） □ほどほど □高い（不満）
■カバーデザイン □良い □ふつう □悪い・ふさわしくない
■内　容 □良い □ふつう □期待はずれ
■その他お気づきの点、ご質問、ご感想など、ご自由にお書き下さい。

◆本書をお買い上げの書店

[市・区・町・村 書店 店]

◆今後どのような書籍をお望みですか？

今関心をお持ちのテーマ・人・ジャンル、また翻訳希望の本など、何でもお書き下さい。

◆ご購読紙 (1)朝日 (2)読売 (3)毎日 (4)日経 (5)その他[新聞]

◆定期ご購読の雑誌［ ］

ご協力ありがとうございました。

ご意見などを弊社ホームページなどでご紹介させていただくことがあります。 □諾 □否

◆ご 注 文 書◆ このハガキで弊社刊行物をご注文いただけます。

□ご指定の書店でお受取り……下欄に書店名と所在地域、わかれば電話番号をご記入下さい。
□代金引換郵便にてお受取り…送料+手数料として300円かかります(表記ご住所宛のみ)。

書名	冊
書名	冊

ご指定の書店・支店名	書店の所在地域 都・道 府・県 市・区 町・村
	書店の電話番号 （ ）

だから、禅では平気で「殺仏殺祖《せつぶつせっそ》」（どんなに勿体ない仏菩薩であろうと、どれほど偉い祖師方であろうと、殺してしまえ）と言って憚《はばか》らない。もっともここでいう「殺す」という真意は、それらに対する執着すらも打ち破ってしまいなさい、という、禅特有の逆説的な徹悃《てっこん》の親切心の発露なのだ。

因陀羅筆「禅機図断簡　丹霞焼仏図」（中国元代 14 世紀、紙本墨画、35.0×36.8cm、石橋財団ブリヂストン美術館蔵）

　こうして己れの煩悩と自己の仏《ぶっ》性《しょう》への覚醒に向かって、血のにじむほどにぎりぎりのところまで格闘するなかで、行住坐臥《ぎょうじゅうざが》その教えを自らの生活の中に生きるようになると、いつの間にか自らが教えそのものとなり、さらにはその教えをも超絶（忘却）していることに気づく。こうして教えそのものが血肉化されてくると、外に何か高邁な真理を求める必要は全くなくなってしまう。

いまや否定は自己の執着からの解放となり、自己の全肯定へと反転し蘇る。新しく広がった一切肯定の新地平だ。

この点では「祈り」の姿もまた同じだと言えよう。両手を合わせて祈る合掌の姿には、もはや右手も左手もなく、「祈り」はそのまま一つの世界へ、すなわち二元を超えた世界へと高められている。そこにはまた世間で言う自力《じりき》と他力《たりき》の別も存在しない。

朝起きてトイレに立つ。わたしたちが寝ている間にも心臓や胃腸は働き続け、そのお蔭で快便快食の朝が迎えられる。してみれば排水とともに排水管を流れる自らの糞便にも「ありがとう」と感謝の気持ちが湧くというものではないか。

こうして、ちょっと見には激越で、われわれの常識的な目には常軌を逸した奇矯な振舞いを描いているように見える禅機画も、実は短絡的な水平思考からくる単なる否定や破壊ではないのである。再び冒頭の

春は花　夏ほととぎす　秋は月　冬雪冴《さ》えて　冷《すず》しかりけり

道元

見るところ花にあらずといふことなし。思ふところ月にあらずといふことなし。

芭蕉『笈の小文』

に見る道元と芭蕉の境地のすばらしさは、「比較」を超えたところにある。それはまさしく超二元一枚境の世界だ。四季はそれぞれに美しく、冷たい冬も雪は冴《さ》え冴《ざ》えと美しく、大気は凛《りん》として清々《すがすが》しい。この自然を「ありのまま」に愛《め》で、一切をそのまま素直に受け入れて、「即《そっ》今《こん》、いま」を生きる「大肯定」の世界は、そのまま感謝と慈悲の世界に通じている。

禅はかくもわれわれに超絶（transcend）を迫るのだ。

揺れてこそ　此《こ》の世の大地　去年《こぞ》今年《ことし》

福島の　地霊の血潮　桃の春

高野ムツオ（一九四七〜、宮城県在住）『片翅《かたはね》』（邑書林、二〇一六年）

第一一節　禅は行雲流水、ダイナミックである——徹底無執着を生きる

ともかく、具体的に動くことだね。
いま、ここ、を
具体的に動く——
それしかないね。

具体的に動けば
必ず具体的な答えが出るよ。

相田みつを「M君へ」『新版　にんげんだもの　逢』（角川書店、二〇〇〇年）

禅は停滞を嫌う。次の『趙州録《じょうしゅうろく》』第三八五段はそれを物語る。

師、衆に示して云く、「仏の一字、吾《わ》れ聞くことを喜ばず」

《師・趙州《じょうしゅう》は門下の修行僧たちに向かって言った。「仏という言葉は聞くのもイヤだ」》

（師示衆云「佛之一字、吾不喜聞」）

と。

趙州従諗《じょうしゅうじゅうしん》（七七八〜八九七、唐代の大禅匠）が門下の修行僧たち（大衆）に向かって行なったこの説法は、仏教が「仏《ほとけ》」を標榜し、とりわけ禅が「死に仏《ぼとけ》」ではなく「生き仏《ぼとけ》」と成って生きる」ことを説く宗教であることを闡明《せんめい》して余りある。趙州の逆説的なこの一句は、それが仮に善なるものであっても、そこにさえ留まることを嫌う禅のダイナミズムだ。仏が単なる崇敬の対象であっては己れ自身の禅にならないからである。禅はどこまでも自己を問い、己れの内なる仏性《ぶっしょう》、無の自己の覚醒を促すものだからである。

そのためには禅は絶えず動いていなければならない。「動いていてこそ美しい」（“beauty in movement itself”）でなければならないのだ。

それは言い換えれば徹底無執着である。

花はただ咲く

ただひたすらに

相田みつを「花はただ」『新版　にんげんだもの　逢』

形見とて　なに残すらむ　春は花　夏ほとゝぎす　秋はもみぢ葉

良寛遺墨

気に入らぬ　風もあらふ《ろう》に　柳哉《かな》

仙厓義梵《せんがいぎぼん》（一七五〇〜一八三七）

先の禅のダイナミズムは、そのまま禅の徹底無執着を示している。その好例がやはり趙州の以下の答話に見事に示されている。

厳陽尊者《ごんようそんじゃ》、初め趙州《じょうしゅう》に参じて問う、「一物不将来《いちもつふしょうらい》の時如何《いかん》」。州（趙州）曰く、「放下著《ほうげぢゃく》」（著は命令の意の助辞）者（厳陽尊者）曰く、「既に是《こ》れ一物不将来、箇《こ》の甚麽《なに》をか放下《ほうげ》せん」。州曰く、「恁麽《いんも》ならば則《すなわ》ち担取《たんしゅ》し去れ」。

者言下《げんか》に大悟《たいご》す。

《厳陽《ごんよう》（年代不詳。趙州の一番弟子で、のち尊者とよばれた。本名善信）が初めて趙州に参じたとき、趙州に尋ねた。「私はすべてを捨てて何も持っていません。この先どんな修行をしたらよいのでしょうか」。

趙州は答えて言った。

「捨ててしまえ！」と。

そこで厳陽はさらに聞いた。

「私はもうすでに何も持っていないと申しておりますのに、この上一体何を捨てろと仰るのですか」。

趙州は言った。

「それならば（その持っていないという意識を）担いで行け！」と。

厳陽はそれを聞くや大いに悟るところがあった》

（厳陽尊者初参趙州問、「一物不将来時如何」。州（趙州）曰、「放下著」。者（厳陽尊者）曰、「既是一物不将来、放下箇甚麼」。州曰「恁麼則担取去」者於言下大悟）

『五灯会元《ごとうえげん》』巻四、趙州諗禅師法嗣の項中、厳陽善信尊者の条、七八頁。

また『従容録』第五七則、『趙州録』第三八二段修行を積んできたはずの厳陽《ごんよう》尊者ですら、当初はまだ無意識下の執着、煩悩の残り火（習《じっ》気《け》）が残っていたのだ。生身《なまみ》の人間が「一物不将来《いちもつふしょうらい》」を生きること自体並み大抵なことではないが、趙州はさらに突っ込んで、「一物不将来」に成ったというその意識すらも捨てろと厳陽尊者に迫っているのだ。悟りの「サ」もないところ、徹底無執着の「無」そのものに成れと趙州は肉薄する。

この問答を一般式で言えば、相手が把住《はじゅう》（「放下著《ほうげぢゃく》」、すなわち平等境）で分からないとなると、すかさず放行《ほうぎょう》（「恁麽則担取去」、すなわち差別境）でと、その場で即座に相手に応じる趙州の変幻自在なこの対応ぶりは、趙州自身の自由な禅の発露そのものだ。

このように物質的束縛からだけでなく、自己意識からも解放された絶対的な自由、「空」（インド的・思弁哲学的）とも「無」（中国的・生活実践的）ともよばれるこの囚われのない自由な境地、すなわち生きた仏《ほとけ》（死仏《しぶつ》ではなく生仏《しょうぶつ》）となって生きることこそ、仏教、とりわけ禅が、われわれひとりひとり（人人《にんにん》）に求めるものなのだ。それが究極的には衆生済度《しゅじょうさいど》へと反転して大いなる慈悲（入鄽垂手《にってんすいしゅ》。人々に手を差しのべる慈悲）としてはたらくことになるからである。

この徹底無執着の絶対自由の境地を、先の唐代の禅匠・臨済義玄《りんざいぎげん》は、過激にも響くつぎのようなことばで、修行者たちを叱咤激励する。

裏《うち》に向かい外に向かって、逢著《ほうぢゃく》せば便《すなわ》ち殺せ。仏に逢《お》うては仏を殺し、祖に逢《お》うては祖を殺し、……父母に逢《お》うては父母を殺して、……始めて解脱《げだつ》を得ん。物と拘《かか》わらず透脱《とうだつ》自在なり。

(向裏向外、逢著便殺。逢仏殺仏、逢祖殺祖、……逢父母殺父母、……始得解脱。不与物拘、透脱自在)

『臨済録《りんざいろく》』示衆《じしゅ》(岩波文庫、八八頁)

それがよいものであっても、仮に師匠や父母、仏祖であっても、それについてまわり囚われることの不自由さを力説しているのである。かくてこそ「透脱《とうだつ》自在」すなわち絶対自由の境涯に達することができるというのだ。

禅寺ではよくマルを描いた雄渾な一円相《えんそう》の軸が床《とこ》の間に掲げられる。それはこうして一切を抛擲《ほうてき》して何ものにも囚われることのないこの絶対自由境、徹底無執着の「無」の表明にほかならない。

しかしながら、われわれ誰しも最初からこのような無執着になれる訳ではない。かえって初期段階ではむしろ徹底的に執着してみることがわれわれ凡人には必要なのだ。その意味で、中国・宋代のもっとも優れた文人の一人とされる蘇軾《そしょく》（一〇三六～一一〇一、字《あざな》・子瞻《しせん》。号は東坡《とうば》居士）のつぎの七言絶句は、きわめて興味深い。

廬山煙雨浙江潮　未到千般恨不消　得到還来無別事　廬山煙雨浙江潮

《廬山《ろざん》は煙雨《えんう》、浙江《せっこう》は潮《うしお》、いまだ到らざれば千般恨《うら》み消えず。到りえて還《かえ》り来たる。別《べつ》事《じ》なしと。廬山《ろざん》は煙雨《えんう》、浙江《せっこう》は潮《うしお》》

廬山《ろざん》は、清少納言『枕草子』第二八〇段に登場する「香炉峯《こうろほう》の雪」として日本人にも馴染み深い中国江西省の名山。その北峰が香炉峯《こうろほう》であるが、廬山はまた霧雨《きりさめ》（煙雨《えんう》）の白く立ちこめることでも知られる。一方、浙江《せっこう》（銭塘江《せんとうこう》）は、満潮時になると、杭州湾の海水がこの大河を逆流して江水とぶつかり合い、その壮大な光景によって有名。特に陰暦八月一五日ごろが壮観だという。そうした名声を聞けば聞くほど、一度は行ってみたいという思いは募るばかり。しかし一旦その思いがかなえられて帰ってみると、あれほどの執着もいまや雲散霧消してしまった、というもの。同じ「廬山煙雨浙江潮」であっても、初句はわが意識の中の執着そのもの。結句はいまや執着とは無関係（無縁）となった、事実（真理）丸出し日常底《てい》の「廬山煙雨浙江潮」である。「別事《べつじ》なし」（ことさら変わったこともない）とはそうした境地を詠っているのだ。

また、二〇一二年に放映されたNHKの大河ドラマ「平清盛」は、視聴率の低迷に苦しんだ。しかしそのなかで、鳥羽上皇（のち鳥羽法皇）役を演じた三上博史さんは、どんな役にも縦横に対応できる俳優さんとして人気が高かった。どうしてそんなに色々異なる役柄を見事に演じられるのか。三上さんは旅好きだ。しかし顔を知られていまや有名人になった三上さんは、国内を避けて海外に、それも一人でふらりと予定も立てずに何日もほっつき歩くと言う。既製の、あるいは視聴者から期待されている自分の殻から抜け出して自由になるためだと言う。

三上さんは言う。「お月さんは自分で光を発することをしないで、太陽の光だけを反射して満月になったり、三日月になったりして光っているでしょう。闇夜の新月のときだってある。そんなお月さんのように一回自分を捨ててみる。自分の生き方、フィロソフィー（哲学）を棄てる。コーヒー好きの自分を捨ててお茶を飲む、紅茶にする。それまで好きだった本や音楽も一度封印する。そんな風《ふう》にして初めにボクを消す作業をしてゆくと、そこに違った役柄がすーっと入ってくるんです。だって、自分のフィロソフィーが残っていると、役を演じるとき苦しくなるじゃあありませんか」。

これには脱帽した。あらがわない。抵抗しない。観てくれ、聞いてくれ、楽しんでくれている視聴者になる。まことに自由闊達《かったつ》だ。

三上さんが禅に親しんだ人かどうかわたしは知らない。しかし、三上さんはわたし以上だ。遥かにわたしを超えている。

問僧から「如何《いか》なるか是《こ》れ和尚の家風」と聞かれた先の唐代の大禅匠・趙州は、

「内に一物《いちもつ》無く、外に求むる所無し」（内無一物、外無所求）

『趙州録』第三八九段

と応じている。一点の雲もない蒼い蒼い空だ。

第一二節　球心に立つ自由さ――「無」の自由性

色不異空《しきふいくう》。空不異色《くうふいしき》。色即是空《しきそくぜくう》。空即是色《くうそくぜしき》。
《色は空に異ならず。空は色に異ならず。色はすなわちこれ空。空はすなわちこれ色》
『般若心経』

人間の自由は、諸条件からの自由ではなくて、諸条件に対して自らの在り方を決める自由である。

V・E・フランクル『夜と霧』（みすず書房、二〇〇二年）

音楽は静寂のなかから起《た》ちのぼり、静寂のなかに消えてゆく。音楽が生まれ、戻ってゆくところ、それは静寂だ。だから静寂の意味を知ることが大切なのです。

ヴァレリー・アファナシェフ（一九四七～）、漂泊のロシアのピアニスト

冒頭の『般若心経』のこの有名な一句は、仏教の宗派を超えて、経典のすべてをカバーする

通仏教的基本命題であるとされる。色《しき》はこの現実世界の形あるあらゆる存在、現象、諸相。また万法とか諸法とよばれることもある。およそ形あるものは何らかの色彩を帯びているところから「色《しき》」という。いわゆる客観的事象である。空《くう》は禅では無。また一般に他力宗《たりきしゅう》とよばれる浄土系の宗派では妙法《みょうほう》とよばれることもある。いわゆる仏性《ぶっしょう》すなわち「悟り」を指す。

ここで注目されなければならないことは、やはりことばの不自由さということである。ことばの対象である真理や事象そのものは一つであるにも拘わらず、それを表わすことばの多さである。それはことばは真理や事象そのものではなく単なるその説明、それを載せる器に過ぎないからである。

例えば、われわれ日本人が言う〝寂しい〟は、英語では〝lonely〟（ロウンリー）、フランス語では〝isolé〟（イゾレ）、韓国語では〝외롭다《ウエロプタ》〟。つまり、ラベルやレッテルはどのようにでも貼れるのだ。だがわれわれが求めるのは「コトバ」それ自体ではなく、その背後にある意味、つまり「さびしさ」という感情、気持ちなのだ。

この意味で、ことばもまた一種の偶像であることに気づかなければならない。だから知性的にことばだけで考えることは、実は偶像崇拝をしていることに等しい。

それにも拘わらず、なおここでの「色《しき》」と「空《くう》」の関係を普通のコトバで言いかえれば、先述のように、ボールの球面と球心の関係に喩《たと》えられる。球心（空《くう》・無）はボールの中心にあってただ一つだけであるが、球面には無数の点（色《しき》）が存在する。しかしその無数の点は、どの一点も球心の一点を通る。球心に収斂《しゅうれん》される。だが、われわれの意識が球面上の個々の点に向けられた途端、われわれは直ちにそれらの点の比較を始める。点の位置、点の大小、形状のよしあし、色の濃淡といった風に。そうしてその結果に囚われ、再び執着の罠《わな》に陥ってしまう。しかし球心を通るというこの一点は、比較の対象にもならない。比較は意味をなさない。禅は、そして仏教は、そもそも球面上の現実の事象の違いをこのように認めた上で、その違いを比較することの無意味さを説く。もちろん比較が現実の生活を改善し、また文明を進める原動力としてはたらくことを否定するものではない。しかし現実生活という球面上での比較は、より大きいもの、より形のいいもの、よりお金になるもの、より費用対効果の高いもの、といった風に際限なく広がり、われわれの欲望を駆りたて、われわれを欲望の奴隷にしかねないからである。

われわれは他人と背比《せい》べをするために生まれてきたのではない。生きているのではない。だから比較や評価にのみ汲々《きゅうきゅう》とする生き方は空《むな》しい。われわれがしばしば耳にし、また口にする人間性や人間の尊厳というのは、われわれひとりひとりが誰とも取り替えることのできない、比較を超えた存在ということではなかったか。釈尊の誕生偈《げ》「天上天下唯我独尊《てんじょうてんがゆいがどくそん》」は、こうした人間の尊厳宣言にほかならない。この意味で、今日われわれは、いま一度この球心（空《くう》・

無）に立ち返ることが、求められている。つぎの『碧巌録《へきがんろく》』第四五則は、こうした消息を物語る。

挙《こ》す。僧、趙州《じょうしゅう》に問う。「万法《ばんぽう》一に帰す。一何《いず》れの処にか帰す」。州言わく、「われ青州《せいしゅう》に在《あ》って一領《いちりょう》の布衫《ふさん》を作る。重きこと七斤《きん》」。

（挙。僧問趙州。万法帰一。一帰何処。州云、我在青州。作一領布衫。重七斤）

問僧は、「色不異空。色即是空」（万法帰一）の理屈は、頭では一応分かったつもりでいる。しかし「空不異色。空即是色」のところが分からない。そこで「一何《いず》れの処にか帰す」（一帰何処）の質問となった。師匠の趙州《じょうしゅう》はそれに答えて、

「まだわしが郷里の青州にいたころ、麻糸を織って上下の麻衣を作ったことがあったが、わしは織るのが下手クソで、普通は麻三斤《きん》で反物《たんもの》を織るところを七斤も使ってしまって、その重いことといったらなかった」

というのだ。一度球心に立ち返った（悟った、空《くう》・無を照見《しょうけん》した）大禅匠・趙州は、その球心

（悟り。一元世界）のところから球面上の一点（重い七斤の布衫《ふさん》）を語っているのだ。趙州の目には、日常生活の一コマ一コマ（球面のそれぞれの一点）が何のこだわりもない融通無碍《ゆうずうむげ》の一点と映っているのだ。色即是空《しきそくぜくう》から空即是色《くうそくぜしき》に翻った一点、趙州の自由な禅境の披瀝である。

先の『無門関《むもんかん》』中の第三七則「庭前栢樹子《ていぜんのはくじゅし》」の場合もまた同様である。

趙州《じょうしゅう》、因《ちな》みに僧《そう》問う、「如何《いか》なるか是《こ》れ祖師西来《そしせいらい》の意」。
州云《いわ》く、「庭前《ていぜん》の栢樹子《はくじゅし》」

（趙州、因僧問、如何是祖師西来意。州云、庭前栢樹子）

問僧の「祖師西来《そしせいらい》の意」（祖師ダルマが西の方インドからわざわざ中国にやって来て伝えようとした仏法、すなわち禅のこころ）に対する趙州のこの「庭前《ていぜん》の栢樹子《はくじゅし》」という答話も、同じこの球心のところから、球面の一点であるその場の具体的な眼前の庭に立つ一本の栢《かし》の木を指差しての答話であることに変わりはない。

「よく見ろ！　彼もまたわれわれの法類（同じ仏性《ぶっしょう》をもつ仲間）ではないか。彼は松の木になりたいとか、竹の方がいいとか、要らぬ慮《おもんばか》りなどしないで、徹頭徹尾栢《かし》の木に

「成りきって」、そのまんまそこに立派に立っているではないか」

と。

このことは『趙州録』第一二段に歴然としている。そこでは、趙州のこの同じ答話（「庭前の栢樹子」）を受けた問僧が、「ご老師、そんな境（相対差別の現実底《てい》）なんかで示さないで下さい」（和尚、境を将《もっ》て人に示すこと莫《なか》れ）と趙州に喰い下がると、趙州は即座に「わしは境で示したりはしていない」（我れ境を将《もっ》て人に示さず）と切り返した上で、さらに畳み掛けて再び「庭前の栢樹子」と答えている。問僧の抽象的な平等底《てい》の問いに対して、趙州が球心から発した、具体的な現実の差別底《てい》に立った答話なのだ。問僧に自ら気づかせようとする趙州の徹悃《てっこん》の親切に他ならない。

こうした趙州の禅境を、わたしの師匠、故・福島慶道老師（軒号・更幽軒《こうゆうけん》、第三〇三代東福寺派管長）は、「いま、ここ、このわたし」の「無心の自己の自由なはたらき」とよんでおられた。

自由とは「自らに由《よ》る」こと。そのよるべき自分は無心・無我（エゴのない空っぽの球心に立つ自由）の自分でなければならない。まさに「自灯明・法灯明」（先述第四節の釈尊の遺誡）だ。

だが、この問僧は球面から球心に到れないで、色即是空の知的理解のところにひっかかったままなのだ。仮に問僧の質問にベクトルに合わせて答えるなら「一はすなわち万法に帰す」（一即帰万法）というところ。しかしこれでは禅にならない。説明に堕《だ》してしまっているのだ。空《くう》・無を照見《しょうけん》（真実の姿を見きわめる）した人にとっては、同じものが同時に違ったものに映じているのだ。色《しき》も空《くう》も実は自他不二《じたふに》なのだ。

更幽軒・福島慶道老師

無といい、また空《くう》という。それはわれわれひとりひとりが置かれた外的環境やその条件、また、それぞれのもつ「思い込み」からも一切解放された自立した精神のしなやかさ、すなわち精神の「自由」にほかならない。それは、あの悪名高いアウシュヴィッツ強制収容所の中にあっても、なお奪いえなかった人間の内なる「精神の自由」を語る、冒頭のフランクルのことばにも明らかだ。

この意味で、アファナシェフさんのことばは示唆に富んでいる。彼はまた

「石は沈黙の音楽だ」

とも述べている。

われわれのこの世における生は、この意味で永遠の沈黙から立ち上がった一瞬の音楽でもあるのだ。禅堂でしばしば耳にする「父母《ぶも》未生《みしょう》以前（の本来の面目《めんもく》）」（『正法眼蔵《しょうぼうげんぞう》』渓声山色）とか、「赤肉団上《しゃくにくだんじょう》一無位《むい》の真人《しんにん》」（『臨済録《りんざいろく》』上堂）、また老子が孔子に向かって発した「吾《わ》れ物の初め（万物生成以前の太初の世界）に遊ぶ」（『荘子』外篇下、田子方篇）というのも、すべてこの一切を包んだカオス（混沌）の沈黙に発していると言えよう。

あの若き日、故・岡田熙道《きどう》老師がわたしに示して下さった「随処《ずいしょ》に主《しゅ》となれ」（随処作主）との激励の一転語《いちてんご》（翻然と悟らせようとする慈悲心に発することば）も、このカオスの沈黙と一つになった球心の一点、すなわち自分の中のすべてのこだわりから解放された「無《ゼロ》」の地平に立て、ということではなかったか。自分が一度後述の type としての平等地、すなわち球心に至る「無我」を体験して無心に立ち還《かえ》ることができれば、球面上の一切の点（差別境の token の一つ一つ）が、そのまま、すべて球心に繋がる真実の姿としてうなずかれ、その一つ一つが素直に受け容《い》れられるようになる、ということではなかったか。臨済義玄《りんざいぎげん》の説く

爾《なんじ》、且《しばら》く随処《ずいしょ》に主《しゅ》となれば、立処皆真《りっしょみなしん》なり。（爾且随処作主、立処皆真）

『臨済録』示衆（岩波文庫、五二頁）

とは、まさにこれである。差別境の現実にあって、なおその一つ一つの事象が、比較を超えて輝いて見える大肯定の地平に蘇り立った「平和」の世界なのである。

さきの東日本大震災を経験された高野ムツオさんの秀句が思い出される。

揺れてこそ　此《こ》の世の大地　去年《こぞ》今年《ことし》

第一三節　禅は契《けい》なり――こころの点火リレー

並《なみ》の凡庸な教師は喋る。少しマシな教師は説明する。すぐれた教師は示す。しかし偉大な教師は相手の心に火をつける。
(The mediocre teacher tells. The good teacher explains. The superior teacher demonstrates. The great teacher inspires.)

William Arthur Ward(1921-94)、アメリカの教育哲学者

前節の球心に立ち還《かえ》った「無の自己」（超二元の平等底《てい》）の自覚（覚醒）は、また同時に師匠（老師）の琴線に触れる、師匠の悟境に「かなった」ものでなければならない。師匠によるその検証が「契《けい》」（「契」は「かなう」の意）である。

六世紀初頭、禅宗の初祖・菩提達磨《ぼだいだるま》（?～五三二?）によってインドから中国にもたらされたとされる禅では、二祖・慧可《えか》（四八七～五九三）の断臂《だんぴ》の図に象徴的に見られるように、弟子の赤心《せきしん》の求道《ぐどう》心と、厳しい修行によって体解《たいげ》（身をもって理解すること。体得《たいとく》）された彼の悟

境（禅境）が、師匠の眼鏡にかなう「契」は欠かせない。
この点で仏教における「拈華微笑《ねんげみしょう》」の故事は、禅に限らず、仏教の精神《こころ》は、以心伝心によって、ことばを超えて継承されるものであることを示している。

世尊《せそん》、霊山会上《りょうぜんえじょう》に在り。華を拈《ひね》って衆《しゅ》に示す。このとき衆みな黙然《もくねん》たり。ただ迦葉《かしょう》尊者のみ破顔微笑《みしょう》す。世尊いわく、「われに正法眼蔵《しょうぼうげんぞう》・涅槃妙《ねはんみょう》心《しん》・実相無相《じっそうむそう》・微妙《みみょう》の法門あり。不立文《ふりゅうもん》字《じ》・教外別伝《きょうげべつでん》。摩訶《まか》迦葉《かしょう》に付嘱《ふしょく》す」。

『宗門統要』第一、『無門関』第六則「世尊拈花」
（岩波文庫、四三－六頁）

雪舟等楊筆「慧可断臂図」（愛知・齊年寺所蔵）

釈尊が霊鷲山《りょうじゅせん》で説法しておられたとき、会衆に向かって花をひねって見せたが、会衆はみな釈尊の意図が分からず、けげんな顔をするばかり。そのなかで、ただ一人、弟子の迦葉《かしょう》尊者だけがにっこりとうなずいて、釈尊の意図を了解したという。まさに啐啄同時《そったくどうじ》（鶏の卵が孵化するとき、殻の内からはヒナが、外からは母鶏が間髪を入れず殻をつついて新しいヒナの生命が生まれるという中国の故事）、師弟のあうんの呼吸だ。不立文字《ふりゅうもんじ》・教外別伝《きょうげべつでん》である。釈尊のこころはいま摩訶迦葉《まかかしょう》に受け継がれたのである。

霊鷲山山上

真理や精神《こころ》の伝承は、こうして文字言句を超えて師から弟子へと受け継がれ、やがて歴史のなかに伝統として継承されてゆく。弟子の心に火をつける偉大な師匠と、火を点《とも》された弟子とによって歴史のなかに伝えられる埋み火《うずみび》のリレーだ。そのためには何よりも、両者の心がともに発火点まで熱せられていなければならない。

第二部　禅とことばのインターフェイス

はじめに

コトバはモノ、事実そのものではない。あくまで事実の代替物にすぎない。その上で、第一部で述べてきた禅の諸特徴を、一言《ひとこと》でまとめるとすれば、「這箇《しゃこ》」の一語に尽きるであろう。先述の世界的禅学者・鈴木大拙《だいせつ》はつぎのように言う。

禅には「這箇《しゃこ》」があるだけである。「這箇」は、空前絶後の一句子である。頭初でまた末後の一句子である。実を云うと、これには超越性も内在性もない。

鈴木大拙「禅百題」『鈴木大拙全集』第一五巻（岩波書店、一九八一年、二〇八頁）

「這箇」（者箇とも。"zhè gè"）とはただ「これ、これ」ということである。這・箇・者すべて「これ」という指示詞である。すなわち禅はただ「即今《そっこん》」、「直示《じきし》」（直《じか》に直接指し示す）、これを措《お》いて他にないというのだ（ついでに付言すれば、神道にも「中今《なかいま》」という考え方があり、過去と未来の接点である「今のこの瞬間」を指す。「今」生かされている自分のこの「生命《いのち》」に賭けることをいう）。

第一章　ことばの特性
――サインとしてのことば

第一節　新たな視点――C・S・パース（Charles Sanders Peirce）

では今日までの言語学的知見は、この「這箇《しやこ》」にどのようにアプローチしうるであろうか。この点で一つの示唆を与えてくれるのは、アメリカの優れた哲学者であり、また記号学者でもあったC・S・パース（Charles Sanders Peirce, 1839-1914）の sign（サイン、記号）に対する見方である。彼は人間の自然言語を含む、およそ記号という sign の当体を次のような三つの特性をもつ総体として捉えた（*CP* 2.274-282. vol. 2, pp. 156-160. Hartshorne, Charles & Weiss, Paul(eds.)(1965). *Collected Papers of Charles Sanders Peirce*. Cambridge, MA: Harvard University Press. 8 vols.）。

記号（sign）の構成

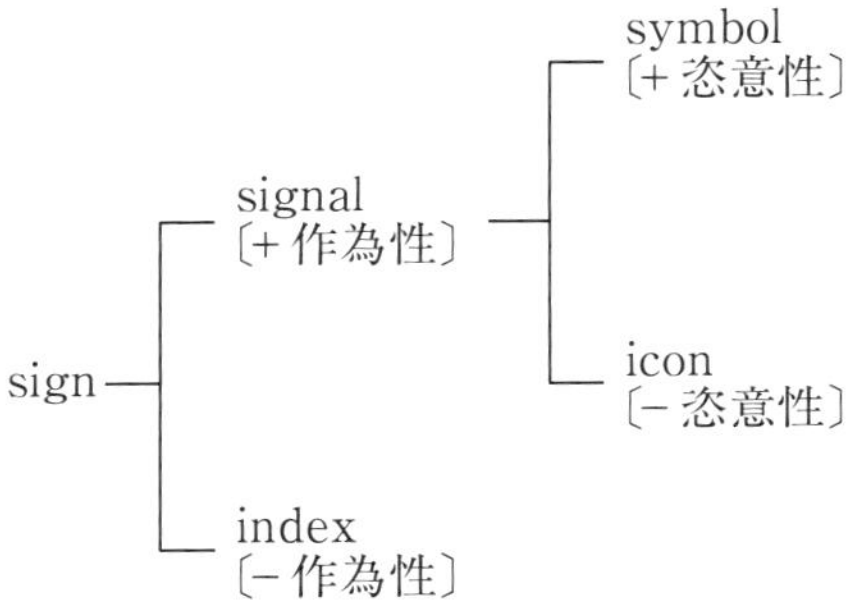

symbol（シンボル）とは、意味スルモノと意味サレルモノとの間の人為的（作為的）・恣意《しい》的な規則、すなわち約束性に基づくsignのことであり、ことばの多くはこの約束性による。例えば「犬」は、イヌ（日本語）、개（ケ：韓国語）、dog（英語）、chien（シェン：フランス語）、Hund（フント：ドイツ語）など、同一対象でありながら言語によってそれぞれ違ってよぶようなものである。

一方icon（アイコン）は、両者の間の事実上の類似性・模倣性に基づくものをいう。このiconのなかには、写真や絵画のように、意味サレルモノ（被写体）との間の写像性（iconicity）が非常に高いものから、棒グラフや円グラフのように、類似性を量的関係として表わした写像性の比較的低いものまで含まれる。

またsymbol（シンボル）とicon（アイコン）は、これらのsignの使用者の側に、ともに作為性が認められる点で、signal（シグナル）の下位範疇をなす。

他方index（インデックス）は、意味スルモノと意味サレルモノとの間に、そうした作為性が認められない物理的な連続性に基づくsignをいう。例えば、「火のないところに煙は立たぬ」という諺にみられる火と煙の関係のようなものである。ここでは煙は火の存在を示すsignとして働いている。

第二節　近代言語学の流れ――クラチュラス（Cratylus）とヘルモゲネス（Hermogenes）

ところで、これまでの言語学の伝統の中では、プラトン（Plato, BC427-347）の対話篇の『クラチュラス』（*Cratylus*）にみえるヘルモゲネス（Hermogenes）的な言語観とクラチュラス（Cratylus）的言語観との間で、二者択一的に揺れてきたように思われる。ヘルモゲネス的言語観とは、言語形式とその内容との結びつきを、恣意《しい》的な約束性によるものだとする見方であり、一方クラチュラス的言語観は、両者の結びつきを自然な類似性のなかに見ようとするものである。そして従来の言語学は、概ねヘルモゲネス的な言語観のなかで、言語の約束性の解明に多くの研究がなされてきたといえる。さきのC・S・パース（Peirce）の用語をそのまま借りるならsymbol（シンボル）の解明である。近代言語学の礎を築いたとされるソシュール（Ferdinand de Saussure, 1857-1913）もまた、この流れの中で、パロール（parole：個人の具体的な言語行動）の背後にあると彼が考えた社会的約束（social bond）としてのラング（langue：ある言語社会の成員によって共有されている、ことばの規則や体系。言語の仕組み、language system）の解明を志した。それはあらゆる伝達形式の中で、人間のもつコトバという記号形式が、約束性に関して最も高度に発達した形式だと考えたからである。しかしそのラング（langue）解明の基礎をなす彼の言語記号（linguistic sign）は、概念（concept ; signifié）と聴覚映像（acoustic image ; signifiant）の結合した心的実在（psychic entity）。次頁の「記号の三角形」（semiotic triangle）を借りればA—Bの結合体に相当）と見なされ、心理的色彩の濃いヘルモゲネス的記号論であった（Saussure, Ferdinand de(1916). *Cours de Linguistique Generale,* ed. by Charles Bally and Albert Sechehaye. Paris: Payot. English translation by Wade Baskin(1959). *Course in General Linguistics.* New York : Philosophical Library)。

他方これを批判したOgden-Richards（1923 : 11）は、signとしての意味スルモノと意味サレルモノとの関係を、因果関係（causal relation）をなす次頁のような「記号の三角形」（semiotic triangle）として理解しようとした。

彼らの主張によれば、symbolとしてのsign（A）は、指示対象（C）と直接結びつくのではなく、指示概念（B）を経由してはじめて指示対象（C）と結びつく間接的な関係にあると言う。それは日常生活で普通「庭師が芝を刈る」と表現しながら、実際には庭師は芝刈り機を使い、芝刈り機が庭の芝を刈るように、A—Bの言表化（symbolism）の関係とB－Cの心的

「記号の三角形」（semiotic triangle）

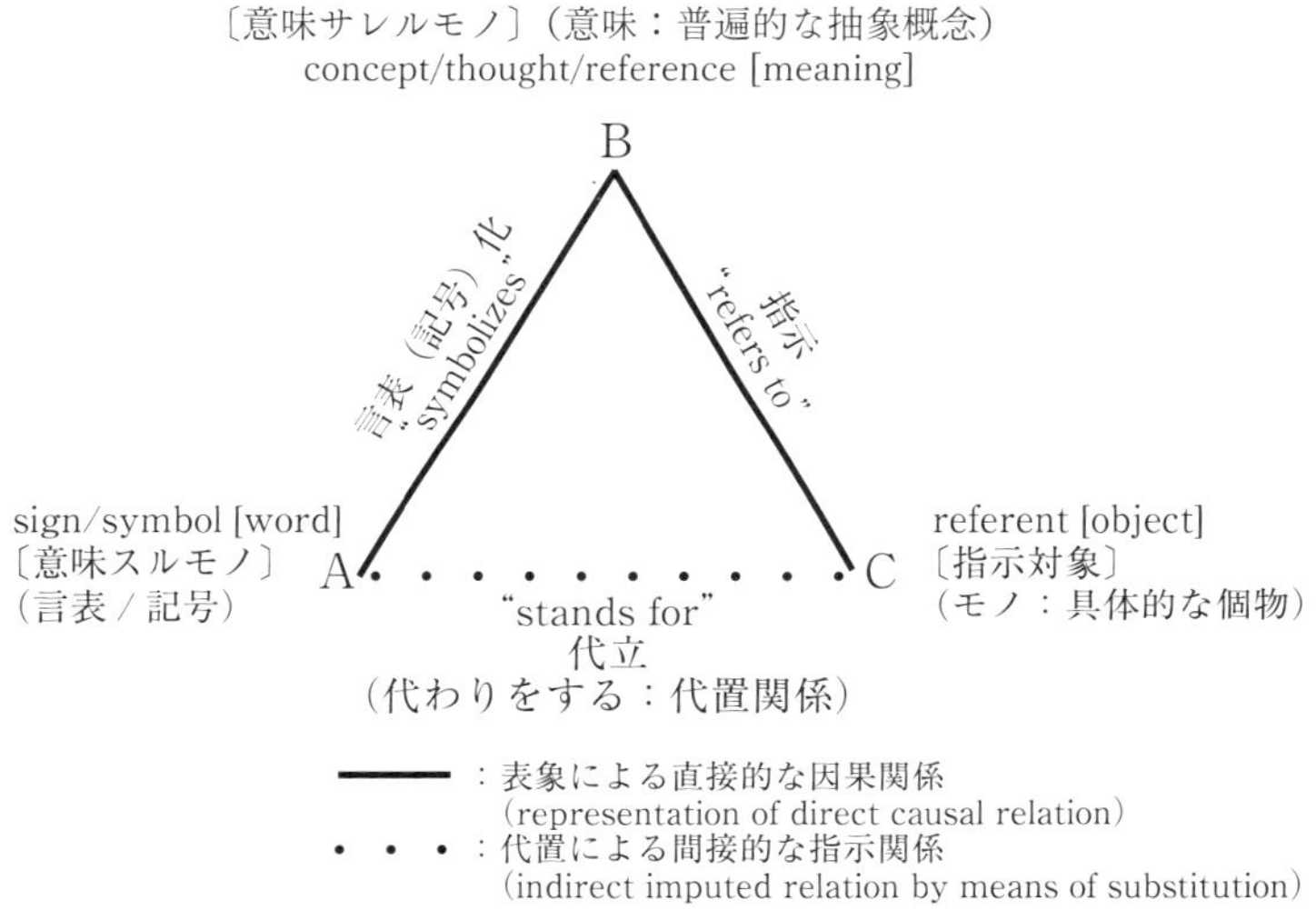

指示（reference）の関係は、それぞれ直接的な因果関係（causal relation）にあって、実線によって結ばれるが、A－C関係は代立・代置（standing for）という間接的な関係であり、従って点線関係にあるという。

しかしこうした両者の立場は、いずれもコトバの体系を、より発達した通常の非模写言語と、原初的でむしろ例外的な模写言語といった二分法（dichotomy）のなかで、別個の言語体系として捉えている点で共通しており、ともにヘルモゲネス（Hermogenes）的な言語観に立っていることは否めない。

これに対して前述のC・S・パースは、記号という形式を、ヘルモゲネス的な言語観とクラテュラス的な言語観との二分法のなかで、二者択一的に捉えるといった態度はとっていない。このことは彼のつぎのことばに明白に窺われる。

It is frequently desirable that a representamen(=sign) should exercise one of those three functions (=symbol, icon & index) to the exclusion of the other two, or two of them to the exclusion of the third; but the most perfect of signs are those in which the iconic, indicative, and symbolic characters are blended as equally as possible.

《表象するものとしての記号の姿は、シンボル、アイコン、インデックスの三つの機能のうち、一つまたは精々《せいぜい》二つの機能を行ない、他の機能はもたないのが望ましい。しかし記号の最も完全な姿は、これら三つの機能ができるだけ同等に融け合った姿である》

（前出 *CP* 4.448. Hartshorne & Weiss(eds.)(1967). *Collected Papers of Charles Sanders Peirce*. vol. IV, p.361）

もっともパースのこの発言にみられるように、現実にはこれら三つの機能を等しくもった記号など存在しない。しかしパースがそれまでみられた二者択一的な見方をとらず、人間の自然言語を含む記号のもつ二つの特性、すなわちアイコン（icon）とインデックス（index）とを、シンボル（symbol）に劣らず重要な働きをなす記号の特性だと考えていたことは、それまでの言語観とは異なる彼の深い洞察を示している。

今日の言語学の研究のなかにはこれに刺激されて、コトバのあらゆるレベルにおいてiconicity（写像性）やindex（言語学の分野では多くの場合deixis（直示性《じきし》）を指す）の原理が働いていることが指摘されてきている。iconicityの原理は、前述のOgden-Richards（1923）やJespersen（1922）らに見られるようなオノマトペや音象徴といった音韻レベルに限らず、語彙論（lexicon）や構文論（syntax, 統語論とも）、さらには語用論（pragmatics）にも跨《また》がる広範なレベルで働いているという。Haiman（1983：783-8）によれば、例えば同一言語内で分析タイプ（analytic）と総合タイプ（synthetic）の二つの形式をもつ使役文（causative construction）では、その形式と意味との間にiconicityに基づく次のような意味の相違があるという。

次頁の1a)の分析型使役形（analytic causative）では、「持ち上げる」という行為は主語の「私」である必要はなく、また「使役」の行為とそれによってもたらされる結果とが同時である必要もない。さらにこの文では被使役者（causee）がcupという無生物であるために、使役者（causer）である主語の「私」は直接cupに触れることなく、何か魔術（マジック）でも使って持ち上げたかのような間接的意味合いをもつ。

一方、1b)のraiseという総合形（synthetic form）を用いた場合には、「持ち上げる」行為は主語の「私」自身による直接行為でなければならず、また「使役」の行為とその結果とは同時派

1） a. I <u>caused</u> the cup <u>to rise</u> to my lips.
  b. I <u>raised</u> the cup to my lips.

2） a. He gave <u>me</u> this watch.
   SVOO：内部与格（internal dative）
  b. He gave this watch <u>to me</u>.
   SVO：外部与格（external dative）

3） a. I find <u>that</u> this chair is uncomfortable.
  b. I find this chair <u>to</u> be uncomfortable.
  c. I find this chair uncomfortable.

生的でなければならない。シンボルとしての外形的・論理的意味は、いずれも「私はコップを口元まで運んだ」と同じであっても、分析型と総合型という形式の違いが、その内包する意味をこのように大きく左右している。言語の要素間の近接性が意味の緊密性と連動しているのである。

また英語学習の初期に習うよく知られた英文五文型のうち2）の相互転換文の間にも、同一の論理的文意に加えて、彼（He）とわたし（me）の間に同様の親疎関係が感得される。2a)における彼とわたしの関係は2b)に比べて親密度が高い。わたしはこの時計を「(わたしを愛おしむ)彼に、もらった」のであり、ただ単に「彼から、(ホラと)受けとった(渡された)」のではない。ここでも二つの言語要素の接近が要素間の意味(関係)の親疎を生み出しているのである。「くれる」と「くれてやる」の違いに近い。間接（与格）目的語の外置（2a)→2b)）や、能動態と受動態（受け身）間の態（voice）の転換は、そのまま話者の視点の移動に直接関わっているからである。

同様な現象は構文論（syntax）のレベルでも、Borkin（1984：79）による3)のような観察がある。

これら三文はいずれもその論理的意味（この椅子は坐り心地が悪い）は同じであるが、補文の表現形式が3a)の複文から3c)の単文へと、その形式が縮約され言語要素が接近するにつれて、主節と補文との二つの命題が互いに融合（merge）して、主語の客観的な間接体験（例えば、3a)では顧客の好感度調査の結果を踏まえての理解）から直接体験（間接的なデータなどに関わりなく、自分が実際に坐ってみての直接理解）に基づく主観の表明へと移行するという。すなわち、補文形成子（complementizer）であるthatやtoの介在が、間接体験化や時差（time lag）の派生を手伝っているのである。ここにも形式の近寄りが意味の親疎をもたらすという写像性（iconicity）の原理が働いている。

またC・S・パースによるindex（指示）は、今日の言語学ではより厳密に、発生源を指示する（source-identifying）性質をもった狭義のindexと、文脈依存（context-dependent）の性質をもつ広義のdeixis（直示《じきし》）とに分けて考えられている。このうち後者のdeixis（直示《じきし》）の機能については、Fillmore（1975, 1982）やLyons（1977, 1981, 1995）らによって、人称代名詞（I, you, he など）や指示代名詞（this, that など）などの伝統的理解に限らず、場所や時を示す指示副詞（here ; now ; today など）は勿論のこと、往来動詞など一部の動詞（come, go ; bring, take）にも潜り込み、さらにはこれらの語彙レベルを越えて、時制（tense）といった文法範疇にまで拡がって幅広く働いていることが指摘されている。それは何よりも、コトバが現実に使用されるコミュニケーション（発話）の場にあっては、話し手を中心として人・場所・時によって規定され展開する話者中心（speaker-centered）のコトバ世界が、そこに投影されているからに他ならない。従って発話の場では、直示《じきし》の中心（deictic center）がどこにあるかが、常に問われることになる（Lyons 1977 : 638, Lyons 1995 : 305, Fillmore 1982 : 35）。

言語学における写像性（iconicity）や直示《じきし》（deixis）に対するこうした関心と研究の成果は、C・S・パースの sign に対する洞察の正しさと深さを物語る。それはことばの本質がヘルモゲネス的な言語観とクラチュラス的な言語観といった二分法（dichotomy）を超えているからである。やや無理を承知で、さきの Ogden-Richards の「記号の三角形（semiotic triangle）」に仮託して言えば、現実のコトバの使用面においては、Bを経由しないA－Cの直接的な結びつきへの強化、すなわちA－C関係の実線化が広く存在しているということであり、A－B－C関係とA－C関係とは、非模写言語と模写言語といった別個の言語体系をなすものではなく、表象（representation）と代置（standing for）の関係は、人間の自然言語という一つの記号体系のなかでは相互に補完し合いながら、ない交ざって働いている原理であると言えるだろう。コトバの中に働く写像性（iconicity）や直示《じきし》（deixis）に代表されるこのA－C関係強化の実線に向かう無意識な営みこそ、実はことばと禅という一見二律背反的に見える両者の間に、限りない接点を求めることに密接に繋がっている。敢えて極論することが許されるなら、

「禅はこの『記号の三角形（semiotic triangle)』を『踏み潰す』ことを試みているのだ」

と言っていい。この三角形の頂点B、すなわちモノの理解に外的ラベルを貼ることによって、知的・客観的に理解しようと傾斜するわれわれ現代人の知的営為（二元相対的理解）に対して、禅は「果たしてそれだけで十分なのか」と警鐘を鳴らし、限りなく底辺A－Cに近づけようとする試みだからである。感覚や感性に直接訴える体感的で包括的な理解（holistic appreciation）の復権にほかならない。禅が求める「知性の破産」とはまさにこれである。禅は間接的な「隔《かっ》靴掻痒《かそうよう》」（靴の上から痒《かゆ》いところを掻《か》くようなもどかしさ）の知的理解に対して、その知性の皮を無残にも剥ぎ取ろうとするのだ。

第二章　禅とことばの接点
——這箇《しゃこ》（直示《じきし》）とオノマトペ（擬音・擬態語）

　前述のように、不立文字《ふりゅうもんじ》・教外別伝《きょうげべつでん》・直指人心《じきしにんしん》・見性成仏《けんしょうじょうぶつ》を標榜する禅は、その特質上、本来ことばとは二律背反するものである。それは個人の精神的覚醒である悟り（解脱《げだつ》）といった極めて内面的・自覚的な体験を、コトバとして外に言表化し、客観的事実として他者に伝達すること自体、自家撞着《じかどうちゃく》そのものであり、隔靴掻痒《かっかそうよう》の嘆きを免れないからである。

　では今日まで伝承されてきた祖師たちの万巻の語録の存在は、一体何を意味するのであろうか。そこには両者の接近の試みが限りなく不可能に近い営為であっても、禅の直接性、徹底無執着の「無」の自由性と、ことばの働きとの間に、なお可能な限りのギリギリの接点が求められなければならないであろう。

　ところで今日までの近代言語学は、それまでの時系列に沿ってことばの発展を研究する通時的（daichoronic）な言語学と異なり、先述のように、ソシュールの主唱するラング（langue，ことばの仕組み）の研究に軸足を置いて展開する共時的（synchronic）な記述言語学（descriptive linguistics，時の横断面に立ってことばの現実のありようを記述する言語学）であった。なかでも統語論（syntax）における研究成果は著しい。

しかしその一方で、J・L・オースティン（J. L. Austin, 1911-60）が一九五五年ハーヴァード大学で一二回にわたって行なったウィリアム・ジェイムズ記念講義「ことばはいかにことを遂行するか（How to do things with words）」に端を発し、J・R・サール（John R. Searle, 1932-）によってさらに展開した言語行為論（speech acts）は、改めてパロール（parole）のはたらきに関心を集めることになった。

実は、禅の語録のなかにしばしば見られる非合理性は一体何を意味しているのか、その真意は何か、を探るためには、この言語行為論の所説は極めて興味深い示唆を与えてくれるように思われる。それは言語学的に見ると、語録理解の困難さは、テキストとしていわば死んで横たわっているラング（langue）としての語録を、禅に関心を抱く人が、瞬時にその場で自らパロールに立ち上げ、そこに通底しているコトバのはたらきを読み解くことの難しさにある、と言えるように思われるからである。

以下この章ではこうした視点から私見を述べてみたい。

［予備知識］禅とことばとの接点に係る二つの概念と見方

まず本章理解のために、禅とことばの接点に関わる記号学および言語学上の二つの概念・考え方に触れておきたい。

(1) token と type：差別と平等

もともと記号学（semiotics）の術語である token と type の概念は、この学問の創始者、C・S・パース（Charles Sanders Peirce, 1839-1914）によって提唱されたもので、token《トークン》は時間と空間の制約のもとにある現実世界の時空軸の中で、具体的に生起する個々の事象や物理的な個物を指し、他方type《タイプ》はその token のもつ一般的な性質や概念をいう。従って type は、時空軸の制約から自由である（cf. *Collected Papers of Charles Sanders Peirce*（1933), 4. 537 および拙著『雨森芳洲――朝鮮学の展開と禅思想』明石書店、二〇一五年、一九九～二〇一頁）。

例えば、「"paper"という英単語はいくつの文字からできていますか？」という質問に対して、二つの違った答えが可能である。一つは「五」であり、もう一つは「四」である。そしてどちらも正解である。なぜなら、「五」という答えは、“paper”という単語を作っている個々の文字数を答えたものであり、「四」との答えは、“paper”という単語の中に含まれている文字の種類を答えているからである。文字数で答えた前者をtoken、種類で答えた後者をtypeという。そしてわずかにこの四文字を使うだけで、“papa”（パパ）、“peep”（のぞく）、“peer”（仲間、じっと見つめる）や、“rape”（レイプする）といった、おどろおどろしいほどの数の英単語を作ることができる。

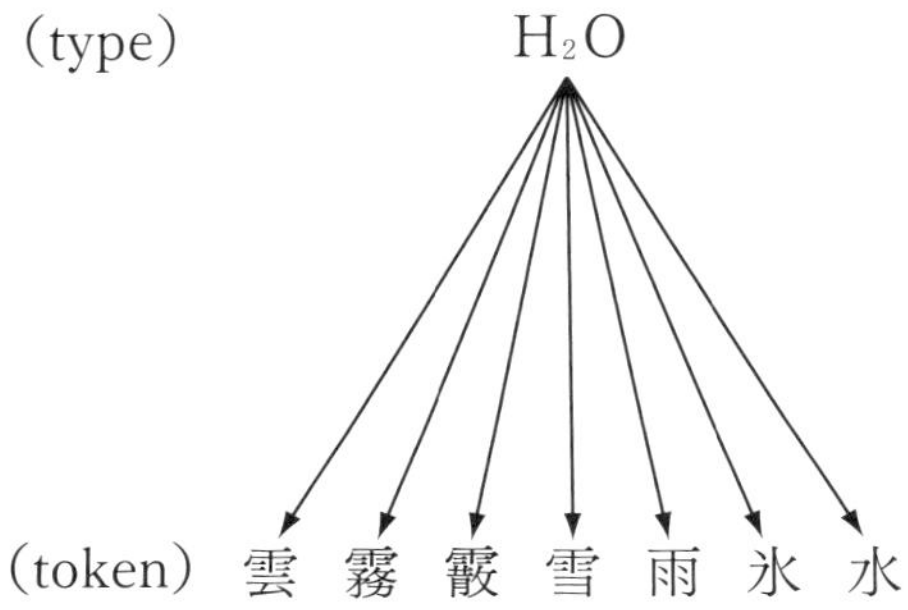

　また別の例で言えば、化学記号で表わされたH_2Oはtypeであるのに対し、いま飲んでいるコップのなかの水はtokenである。そしてこの場合も、抽象的存在であるH_2Oは、コップのなかの水以外にも、氷や雨・雪・霰《あられ》・霧・雲など色々姿を変えて現実世界のなかで現われる。言語学ではこうした現われ方を具象化とか具現化（realization）とよんでいる。

　このtokenとtypeとは、あたかも禅の世界で言われる差別（放行《ほうぎょう》）と平等（把住《はじゅう》）に符合する。第一部第二章で紹介した故・福島慶道老師の「いま、ここ、このわたし」

の「無心の自己の自由なはたらき」が思い出されよう。

⑵　言語行為論（speech acts）：ことばは行為する

コミュニケーションの立場から発話を眺める先述の言語行為論では、大雑把《おおざっぱ》に言って、発話文を、次のような三層構造をもつ発話内容を、その発話時点で発しているものと仮定する。いまこれを英語で簡略化して表記すれば左上のようになる。

I SAY to YOU［F｛M(P)｝］

Pは発話内容の中心をなす命題（proposition）であり、MとFは、それぞれ後述のmodality（伝達内容（命題）に対する評価・判断といった発話者の主観的・心的態度）、およびillocutionary force（発語内に込められた発話者の意図、発語内の力）を指す。

また遂行節とよばれるI SAY to YOU（「いま、ここで、こうしてお前さんに、言っているんだよ」）を仮定する根拠は、日常会話のなかにもごく普通に見られる次のような言語的事実による。例えば、彼の欠席理由を知らせる次頁の二つの発話文において、例文1)では彼の病気が欠席の直接理由となっているのに対し、例文2)では東京からの彼の電話が欠席の直接理由ではない。昨夜の彼の電話が理由となっているのは、「だからこうしていまあなたに彼の欠席を知らせているんだよ」という、この文に仮定された暗黙の遂行節（下線部）に対して

1）病気だから彼は欠席だよ。
（He's not coming to class because he's sick.）
2）昨夜東京から彼の電話があったから、彼は欠席だよ。
（He's not coming to class, because he just called from Tokyo last night.）

である。すなわち、

I'm saying to you here and now (that) he's not coming to class,
because he just called from Tokyo last night.

なのである（その意味で例文2)の読点とコンマは重要である）。「即今《そっこん》」「這箇《しゃこ》」を説く禅の語録の理解には、こうした直感と洞察とが求められるからである。

第一節　禅はオノマトペ（onomatopoeia, 擬音・擬態）である

一般にコトバや文章は、主体と客体とが截然《せつぜん》と区別され、事態や事象を「客観的」に理路整然と叙述した陳述文がすぐれたものと見なされがちである。よく英語は理性的（rational）で冷静なことばであるが、日本語は感情的（emotional）なことばであると言われることがある。またそれをさらに進めて、擬音語（onomatopoeia, 動物の鳴き声や外界の物音などを直接まねて言語音に写した語。ニャーニャー、ガラガラ、ポタポタなど）や擬態語（mimesis, 本来音のしない物事の様子を、あたかも音がするかのように象徴的に言語音に写したもの。びっしり、そわそわ、ぎくしゃく、すくすくなど）の多い日本語や朝鮮・韓国語のような言語は、未成熟（immature）な言語だといった極論も、一部巷間で囁かれたこともある。未成熟かどうかはともかく、英語がより客観的な観察言語であり、それに対して日本語や朝鮮・韓国語などは、より主観的な体験言語の性格を帯びているということは言えるであろう。例えば雨に関連した表現では、日本語は多くの擬音語を用いる。ポツポツ、ザーザー、しとしと、しょぼしょぼ、じゃんじゃん、びしょびしょ、べとべと、といった類いである。

1. a)　雨がポツポツ降り出した。
   b)　A light rain began to fall. / It began to rain a little bit. / It started drizzling.
2. a)　雨がザーザー降り出した。
   b)　A heavy rain began to fall. / It began to rain furiously [to pour]./ There was a sudden downpour.
3. a)　にわか雨で全身ビショ（ズブ）濡れになった。
   b)　I got soaked in a shower from head to toe.
4. a)　歯が一本グラグラしている。
   b)　I've got a loose tooth.
5. a)　うちは親子三人ギリギリのその日暮らしさ。
   b)　I lead a hand-to-mouth life with my wife and son.
6. a)　このジャケットは(ぼくに)ピッタシ（ピッタリ）だ。
   b)　This jacket fits me perfectly.

例えば、上記例文1.、2.のa、bを比べてみれば、一目瞭然であろう。

また、本来音のしない物事の状態や身振りの「感じ」を、擬音語ふうに言語音を用いていかにもそれらしく表わす擬態語（mimesis）の例も日本語には多い。例えば、例文3.～6.である。

こうした擬音語・擬態語の多さに摩訶不思議を覚える外国の日本語学習者は少なくない。欧米人が身ぶり手ぶりを多用するのは、そうした不思議さを一生懸命補おうとしているのだ、という人もある（アン・マクドナルド「エモーショナル言葉　ラショナル言葉」*STEP NEWS* 一九九七年八月一日号）。

確かに、日本語による擬音語・擬態

［超二元的一元世界］

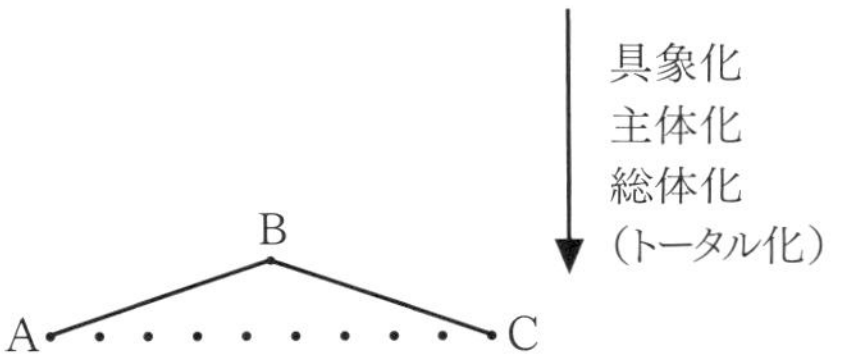

統合的言語（synthetic language）
情緒に富む感性依存型言語
（「ナル」型言語）
（例：日本語、韓国・朝鮮語）

［二元相対的世界］

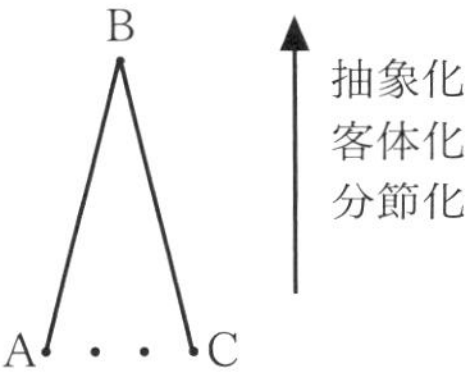

分析的言語（analytic language）
理知的な知性依存型言語
（「スル」型言語）
（例：英語）

語表現は極めて直接的であり、自己体験的、主観的に事実そのものを示そうとする傾向が強い。それに対して英語は、事実を客体化して主客の距離をあけ、客観的かつ冷静に説明しようとする。日本語が、先述のように、未成熟（immature）な言語だ言われる一半の理由である。

このオノマトペを、先述のオグデンとリチャーズ（Ogden & Richards）の「記号の三角形」（semiotic triangle）に照らして考えると、オノマトペは音が直接対象を指示するという点で、頂点のB（意味概念）を経由しないで、直接A（記号）からC（指示対象、記号が指示する対象物）へと指向する回路だと言える。言い換えればA→C間の点線を限りなく実線化しようとする言表化である。その意味でやや乱暴な簡略化が許されるなら、例えば日英語の違いは上図のような違いとして要約できよう。

ところで、先にも述べたように、禅の端的《たんてき》は自己の直接体験によってのみ体得しうる類いのもので、それを客体化してコトバに移し替えること自体、その体験的事実から遠ざかるという矛盾を含んでいる。コトバによる迂遠《うえん》な説明はあくまで説明であって、事実そのものではないからである。主客一《しゅきゃくいち》如《にょ》・自他不二《じたふに》を説く禅が最も鋭く指弾するのはこの点である。

その意味で、直接的、自己体験的な擬音語・擬態語は、まさに「そのものそれに成る」という禅の端的を示すにふさわしい言表化形式だと言えよう。

（参考：『碧巌録《へきがんろく》』第四六則「鏡清雨滴声」）

第二節　禅は直示《じきし》（deixis《ダイクシス》, 直《じ》かに示すこと）である

(1)　外界の指示：庭前《ていぜん》の栢樹子《はくじゅし》

禅の語録のなかには、外界の対象を直接指し示す token による言語表現が数多く見られる。それは禅が具体的事実を借りて、質問者の意表を突く形で彼の眼《まなこ》を内なる自己（の仏性《ぶっしょう》）に向かわせようとするためである。抽象的でまわりくどい説明を嫌う禅に限らず、仏教の核心はどこまでも己れを知ること、己事究明《こじ》にあるからだ。

すでに述べてきたように、deixis《ダイクシス》（直示《じきし》、前述のパースの用語では index）とは、発話者によって、言語使用（communication）の場が時間的・空間的に切り取られ支配されるという、発話における話者中心（speaker-centered）の特性をいう。すなわち、コトバは時々刻々変化しながら展開する発話という「場」のなかで、常に「話し手」を中心として、対話者（interlocutors）相互の間でその主役を絶えず交替（switch）しながら運用される。その意味で、発話の場の中心（deictic center）は常に「いま・ここ・このわたし」（“I-Here-Now”）である。絶えず動いてやまないダイナミックなコトバのエネルギーの源である。

ことばの研究には、主に文の論理的意味を精緻に分析研究する統語論（syntax, 構文論とも）や意味論（semantics）といった分野もあるが、現実におけることばの運用の実態を包括的につかむために、こうした発話の「場」の研究は、ますますその重要性を増してきている。それはことばが、本質的に人と人とが時空を共有した具体的な発話の場のなかで営まれるものだからである。今日のメールの交換にみられるような、現実の時空を共有しない対話者間の単なる情報のやりとりや、ツイッターのようにSNS（social networking service）による発話者の一方的な情報の発信だけでは、情報伝達者の意図やその場で生きてはたらくことばの力を摑むことはできない。現実の発話の「場」を離れた仮想空間（virtual space）のなかの単なるコトバ遊びに堕《だ》しているからである。人工空間（cyberspace）が産み出す世界は、飽くまでも仮想現実（virtual reality）であって、生きた現実（actual reality）ではない。そこでは「相手のこころをよむ」「その場の空気をよむ」「行間をよむ」また「余白の美」といった「文化」は育たない。デジタル社会における「文明」の眼界である。

この意味で、日常会話のなかで、話し手（わたし、シテ）と聞き手（あなた、ワキ）が交互に自由に交代する、話者を中心としたコトバの世界（speaker-centered-ness）、またそれに伴って自在に指示語が動く、いわゆるコソアドの世界（コレ・ソレ・アレ・ドレ、ココ・ソコ・アソコ・ドコ）は、すべての事象は相互に関わり合い調和していると考える仏教の「事事無礙《じじむげ》」のネットワーク世界を、コトバの世界に具現化（realize）したものと言えよう。

よく西欧人は形式知を重んじるのに対し、東洋人は暗黙知を重視する傾向をもつと言われる。知識を最も重要な経営資源と捉えて知識経営論を提唱する紫綬褒章受章者の野中郁次郎一橋大学名誉教授（一九三五〜）は、こうした文化的土壌の違いに着目し、経営学の立場からこの「場」をつぎのように重視している。


われわれの経営学的関心は、人と人との相互作用のなかで知を創発させるようなダイナミズムを有する「場」の機能にある。それはオフィスのような物理的場そのものではなく、場が持つ特質である「場所性」に着目する。

理想的な場では、人と人との共鳴作用が生まれる。喜怒哀楽を共有することで、ともに「生きているね」と存在を確かめあえる関係性である。それが最も切実に行なわれる時空間とは、異なる人間が同じ時間・場所に存在する「いま・ここ（here and now）」である。われわれは他者になりきれないにしても、この時空間の流れ（文脈）を共体験した時に、自己を超えて他者の視点に立ち、新しい「気づき」を起こす可能性が高まる。この状態はＩＴ（情報技術）ではつくれない。

『日本経済新聞』二〇〇七年六月八日付夕刊「あすへの話題」欄

生きてはたらく「場」という概念が、経営学においてもいかに大切であるかが語られている。こうした「場」の捉え方は、われわれの生が柔らかくしなやかで繊細であることと軌を一にする。ダンマ（dhamma（パーリ語）、dharma（サンスクリット語）、ダルマとも如来とも）といい、仏性《ぶっしょう》といい、空《くう》といい、無というのも、実はこの生のしなやかさ、融通無碍《ゆうずうむげ》のはたらき、用《ゆう》に他ならない。死が固くこわばって形をもつのと対蹠《たいせき》的（正反対、対照的）である。この意味において「禅はdeixis《ダイクシス》（直《じ》かに指し示すこと）である」と言いうるであろう。
その好例が第一部でも触れた『無門関《むもんかん》』第三七則の「庭前栢樹子《ていぜんのはくじゅし》」である。

趙州《じょうしゅう》、因《ちな》みに僧問う、「如何《いか》なるか是《こ》れ祖師西来《せいらい》の意」。
州云く、「庭前《ていぜん》の栢樹子《はくじゅし》」
（趙州、因僧問、如何是祖師西来意。州云、庭前栢樹子）
（岩波文庫、一四四～五頁）

「祖師・ダルマが西の方インドから中国にやって来て伝えようとした精神（仏法の極意、禅の真髄）は何ですか」とtype（平等底《てい》）で問う一修行僧に、「ほら、お前の目の前のその栢《かし》の樹《き》だ！」と、瞬時に眼前現実世界のtoken（差別底《てい》）で応答する趙州《じょうしゅう》の答話は、そのまま唐代の大禅匠・趙州従諗《じょうしゅうじゅうしん》（七七八〜八九七）の直指人心《じきしにんしん》（deixis）の具現体（token）なのだ。「西《せい》来《らい》の意」そのものとなった丸出しの趙州がそこに在る。主客を超えて呑み込んだ趙州の姿だ。

一方、言語行為論の視点に立てば、趙州自らが全身、現前の栢樹子《はくじゅし》（子は助辞。樫《かし》の木の一種で、松・杉などと同類の常緑針葉樹。柏餅の葉を採る柏とは別）と成って、問僧の心の中に跳びこんだところだ。「庭前の栢樹子!!」それはもはやコトバや文字などではない。趙州の「唸《うな》り」そのものなのだ。まさしく趙州の不立文字《ふりゅうもんじ》、感嘆符（!!）の「力」なのだ。趙州の丸出しの仏性!!　それは己れを離れた概念として外に問う、この修行僧の「如何《いか》なるか是《こ》れ祖師西来《せいらい》の意」（禅の真髄とは何か）を、僧もろとも粉砕する趙州の徹悃《てっこん》の親切、趙州の自爆テロだ。まさしく「答えは問処にあり」（The answer is in the question itself. 鈴木大拙《だいせつ》）の端的《たんてき》を示して余りある。臨済義玄《りんざいぎげん》のいう「是《こ》れ、儞《なんじ》が即今目前聴法底《そっこんもくぜんちょうぼうてい》の人《にん》」（今ここでオレの説法を聴いている目の前の、ほらお前さんの内なるそのひと）、直示《じきし》（deixis）そのものである（『臨済録《りんざいろく》』示衆《じしゅ》、岩波文庫、四一〜三頁）。

この間髪を入れない三次元世界の粉砕は、そのまま露堂々《ろどうどう》（全露出）の「見色見心《けんしきけんしん》」（モノを見ることはすなわち自分自身のこころを見ること）世界の現出だ。「そこだ!!」「そいつだ!!」（"THERE! THAT（oak tree standing）TRUE!"）――それはそのまま、趙州も問僧も栢樹もわたし自身（読者自身）も身心脱落《とつらく》して、「見色明心《けんしきみょうしん》」「即心是仏《そくしんぜぶつ》」が融《と》け出た瞬間、一切が「一つ」、平等一枚境（type）の世界だ。蝸牛角上《かぎゅうかくじょう》の争いどころではない。眼処聞声《げんしょもんしょう》（眼で声を聞いた）の瞬間だ。一切の次元を超えている。融《と》け出している。

だが、これも説明だ。どう藻掻《もが》いてみても、これがコトバの限界なのだ！

註　見色見心：中国唐代の大禅匠・馬祖道一《ばそどういつ》（七〇九～八八）に由来。趙州《じょうしゅう》はこの法灯《ほうとう》を嗣《つ》ぐ。見色明心とも（『無門関』第一六則）。
蝸牛角上の争い：カタツムリの左の角《つの》の上にある触氏の国と、右の角《つの》の上の蛮氏の国とが領地をめぐって争い、一五日間の戦いののち死者数万人を出してやっと終息したという、つまらぬ争いの喩え話（『荘子』則陽第二五）。
眼処聞声：「眼処《げんしょ》に声を聞きて、方《まさ》に始めて親《した》し」（眼処聞声方始親）（『無門関』第一六則）、また「もし耳をもって聴かば、ついに会《え》し難し。眼処《げんしょ》に声を聞きて、方《まさ》に知るべし」（若将耳聴終難会。眼処聞声方可知）とも。真理の会得は思慮分別を超えたところでなされるもの、の意。
『景徳伝灯録』巻一五、洞山良价《とうざんりょうかい》禅師条。一〇一頁

だからこそ、相対化して時空軸で外から眺める「差別」の世界（知性に頼った二元相対の知解の世界。token の世界、放行《ほうぎょう》）の視点だけでは、この問答はチンプンカンプン、非論理以外の

何ものでもない。しかし、一旦「平等」の世界（通奏低音として貫通する法理の世界。Typeや把《は》住《じゅう》の世界）に出ると、かくも法理は歴然としているのだ。

　こうしたtypeとtokenの自在な往来と交替、そこに通底する法理の直示《じきし》（deixis）、一見非論理的で不親切に見えるこうした公案の構造こそ、求道《ぐどう》者自らにその解《げ》（見処《けんじょ》）を摑ませようとする禅の徹悃《てっこん》の親切に他ならない。禅の慈悲心、禅の極意なのだ。

　それにも拘わらず、この「庭前栢樹子《ていぜんのはくじゅし》」の公案の問答を、禅匠方のお叱りを覚悟で、敢えて知性に訴えてコトバで表わすとすれば、以下のようにでもなろうか。

仏性《ぶっしょう》（宇宙の大生命《いのち》。あらゆる生命《いのち》を生かそうとする宇宙の意思・はたらき。そのものをそのものたらしめている本然《ほんねん》の力、存在エネルギー）は人間だけに許された専有物ではない。平等地に立てば、差別境にある一切の存在が、仏性を具《そな》えた法類《ほうるい》（仏性のもとでは同じ仲間）なのだ。そうであってみれば、ほら、そこに立っている眼の前の栢《かし》の樹《き》（庭前《ていぜん》の栢樹子《はくじゅし》）だって仏性の当体《とうたい》（宇宙の大生命《いのち》の顕現体）、悟りの当体そのものではないか（栢《かし》に具《そな》わる仏性ゆえに彼もまたあんなに輝いてそこに立ち尽くしているのだ）！

　よく見ろ！　彼は仏性の当体としてあんなにも見事に輝いているではないか！　お前と彼（栢樹）とは別物ではない！　同じ法類（仏性のもとでの仲間）なのだ！　すべての存在

は仏性（宇宙の大生命《いのち》。type）の発露そのもの（具現体。token）なのだ！　山川草木悉皆《さんせんそうもくしっかい》
成仏《じょうぶつ》！　一切衆生悉有仏性《いっさいしゅじょうしつうぶっしょう》ではないか！

趙州の「庭前の栢樹子」の話《わ》（公案）の真意である。異体相即《いたいそうそく》（対極にあって別物だと思っているものが実は一つに融け合って無差別一体、平等であること）の世界だ。形態（form）がそのまま実体（substance）を、栢《かし》の樹（token）がそのまま栢の樹の生命《いのち》（type）を直示《じきし》しているのだ。そしてそれはそのままそれを問う人人《にんにん》の生命《いのち》の直示に他ならない。まさしく諸法実相《しょほうじっそう》（この差別相対の世界がそのまま平等の実相を現わしていること。平等世界は差別の相対世界を離れて別に存在するものではなく、差別そのものの中に直ちに平等の真実相が見得されなければならない）、自他不二《ふに》なのだ。公案はこのようにtoken（それぞれの具現体）のなかに通底するtype（宇宙の大生命《いのち》の意思・はたらき）を、人人《にんにん》自らの手で摑み取らせようとしているのだ。現成公按《げんじょうこうあん》（現実が即そのまま公案）である。だがこれも所詮説明に過ぎない。悟りの眼を一旦持てば森羅万象がそのまま真理の現われ、そこに自《おの》ずから露堂々《ろどうどう》（全露出、全体露現）としてはたらき出ているのだ。まさに「偏界蔵《へんかいかく》さず、全機《ぜんき》独《ひと》り露《あら》わる」（『碧巌録』第五三則「垂示」）だ。

この意味で先掲の『旧約聖書』創世記の次の一句もまた実に示唆的である。

神は自分のかたちに人を創造された。すなわち、神のかたちに創造し、男と女とに創造された。

創世記、第一章第二七節

わたしたち一人ひとり（token）が、誰も見たこともない「神のかたち」（type）に模して創られた神の具現体だ、というのだ。

さらに『新約聖書』ヨハネの第一の手紙では「神を見た者は、まだひとりもいない。もしわたしたちが互いに愛し合うなら、神はわたしたちのうちにいます」（第四章第一二節）として、神は愛という「はたらき」（type）として捉えられている（同章第八節）。

仏性《ぶっしょう》もまた同じである。無生物をも含む一切の存在をそのものとして生かしている宇宙の意思（エネルギー）のはたらきなのだ。

この点で、人間の手では創れなくて、微生物によってのみ作り出される有用な有機化合物の研究に四五年余り携わり、ついに感染症の特効薬「イベルメクチン」の開発に繋がる功績が評価され、二〇一五年度のノーベル生理学・医学賞を受賞された大村智《さとし》北里大学特別栄誉教授（一九三六～）もまた、「人間も生物、植物も生物、微生物も生物。みんな同類だ」と、後進の若い研究者たちに口を酸っぱくして人間の傲慢さを戒めておられるという。実に傾聴に値する

"There's a cypress tree standing in front of you in the garden."

⇒　There!　That cypress tree standing right in front of you in the garden!

⇒　There!　That cypress tree standing True !

⇒　There!　He Stands!

⇒　There!　That Truth!

⇒　*THERE!*

ことばだ（「戦前生まれ一一五人から日本への遺言」『文芸春秋』二〇一六年九月特別号、三三八頁）。

　ところで、いまこうした真実（宇宙の大生命《いのち》のはたらきの姿）を陳述（客観描写）から直示《じきし》（deixis）に至る過程（具体から抽象世界への過程）として、仮に分かり易く英語で捉えるとすれば、上のようにでもなろうか。

　知性による理解が実体験に基づく感得に及ばないのは、直示《じきし》によるこの真実の回路（直示の真実）を辿ることの難しさにある。差別世界の現実の真っ只中にあって、即刻その場で、この平等世界が自らの体験値として直観・体感されねばならないからである。認識のすべてを知性に訴え、意識に頼って理解しようとする自らの「知的回路」を一旦遮断《リセット》して、回路形成以前の平等地への初期化を迫っているのだ。そのとき初めてtokenのなかにtypeが、差別世界のなかに平等世界がそのまま読み解かれてくるのだ。そしてそれは他でもなく「わたし」自身のことなのだ、と。

　だからこそ無門慧開《むもんえかい》（『無門関《むもんかん》』の著者。中国杭州の人。無門は号、名が慧開）は、先にも述べたように、この話《わ》（公案）を讃えてつぎのように頌《じゅ》に詠うのだ。

言《げん》は事《じ》を展《の》ぶることなく、語は機に投ぜず（言無展事、語不投機）
言《げん》を承《う》くる者は喪《そう》し、句に滞《とどこお》る者は迷う（承言者喪、滞句者迷）

《コトバというものは、事実を展開して見せることも、仏祖の心ばえ（心機）に触れる（契《かな》う）こともできない。コトバは飽くまでも説明に過ぎない。だから、コトバについて回る限り、真実から遠ざかることになる》

と。しかもこの四句は、洞山守初《とうざんしゅしょ》の上堂語（法堂《はっとう》での説法中のことば）をそのまま借りた、剽《ひょう》窃《せつ》である。しかし、「真実は言語表現を創り出すが、創られたる言語は真実のぬけがらに過ぎぬ」（柴山全慶『訓註 無門関』其中堂、一九八二年、九七頁）と考える禅ではまったく問題にもならない。一回挙《こ》すれば一回新たなり。禅はコトバ（言表化）を超えて、どこまでもダイナミック（dynamic）な〝活きたはたらき〟、「機用《きゆう》」そのものなのだ。

ところで、この話《わ》（公案）には後日談が続く。趙州の死後、彼の高弟・覚鉄觜《かくてつし》（のちの光孝《こうこう》慧覚《えかく》。江蘇省揚州光孝院に住した唐末の禅師。生没年不詳）は、江西省臨川の崇寿院に法眼禅師《ほうげん》（八八五〜九五八、法眼文益《もんえき》。法眼宗の祖）を訪ねたところ、法眼から「承るところでは、趙州に庭前の栢樹子の公案があると聞くが本当か」（承聞、趙州《じょうしゅう》有庭前栢樹子話。是否）と聞かれるや、即座に「先師・趙州にそんな公案などありません。先師を中傷しないで下さい」（先師実無此語（庭前栢樹子）。和尚莫謗先師）と切り返している（『五灯会元』巻四、光孝慧覚禅師条。七八～九頁）。

さすがに「放下著《ほうげじゃく》」をもって知られる趙州の高弟だ。第一部第二章第一一節でも触れたように、かつて趙州は、「一物不将来《いちもつふしょうらい》の時如何《いかん》」（私はいっさいを捨てて無一物です。この先どんな修行をしたらいいのでしょうか？）と問う厳陽《ごんよう》尊者（唐末五代の人。諱《いみな》善信。江西省武寧県の厳陽山新興院に住した）に対し、言下に「放下著」（捨ててしまえ！　その意識こそ邪魔者だ！　著は強意・命令の助辞）と一喝したことで知られる。

註　厳陽尊者趙州に問う、「一物不将来《いちもつふしょうらい》の時如何《いかん》」、州云く、「放下著《ほうげじゃく》」。厳云、「一物不将来箇《いちもつふしょうらいこ》の甚《な》麼《に》をか放下《ほうげ》せん」。州云く、「恁麼《いんも》ならば即ち担取《たんしゅ》し去《さ》れ。」（『従容録』第五七則、『趙州録』第三八二段）。悟りにも囚われるな、との趙州の慈悲心の発露。さらに一物不将来の悟りがそんなに大事なら担いで行け、と畳み掛けて厳陽尊者を一喝。悟りのサにも囚われるな、と。没蹤跡《もっしょうせき》（あとかたもない）の徹底平等一枚の禅境を示す趙州徹悃《てっこん》の親切。

覚鉄觜《かくてっし》のこの見事な対応は、師・趙州の面目を施して余りある。これはそのまま覚鉄觜自身の禅境の披瀝、露堂々（全露出）の彼自身の徹底無執着そのものだ。禅は時空を超えている。時空を超えて自由だ。

公案の分かりづらさの一つは、こうした type と token の自在な往来と交替（転換）と、発話の圧倒するほどの気迫にある。

(2) 内面の指示：自己直示《じきし》のため息

直示《じきし》（deixis）には、このように外界の対象を直接指さす通常の指示のほかに、いささか屈折した指示の仕方もある。それが嘆きやため息といったオノマトペにも通ずる感嘆（間投）詞の使用である。「使用」ということばも実は禅としては不適切だ。なぜなら「使用」はすでにそこに使用する側の作為が働いているからである。作為の働く余地のない間髪を入れない瞬時の感嘆（間投）そのもの、それこそが禅であって、コトバ（感嘆詞）は後からそれを追いかけているにすぎない。『趙州録』第三七一段につぎのような問答がある。

問僧「わたしはこの趙州観音院につい最近やって参りました新参者でございます。どうかお師匠さま、このような新参者のわたしにも分かりますように（禅の極意を）お示し下さい。」

趙州「あゝ、やれやれ。」

（問「学人近入叢林。乞師指示」。師云「蒼天蒼天」。）

この「あゝ、あゝ」「やれやれ」という天を仰いだ趙州の嘆息は、実はそのまま「このオレに聞いてどうする！　そんなところに禅の極意などない！　答えは問処にありだ！　禅は照《しょう》顧脚下《こきゃっか》、自己の仏性《ぶっしょう》、オノレを自覚することではないか！　オレに聞いているお前自身のオノレではないか！」という〝ため息〟そのものなのだ。それはまた禅の極意を問うこの生真面目な新参の問僧（学人《がくにん》）のみならず、この公案に接する人人《にんにん》（われわれ一人ひとり）の〝わたし自身〟に突きつけられた直示の刃《やいば》なのだ。「照顧脚下」は禅寺の庫裏《くり》に掲げられた単なる標語ではない。『無門関』第七則「趙州洗鉢」と好対照だ。（第一部第二章第五節「禅は日常底の大肯定だ」参照。八四〜五頁）

第三節　禅は相《そう》（aspect）である

仏教に先立つバラモン教やヒンズー教においては「梵我一如《ぼんがいちにょ》」を説いた。「梵」は宇宙の根本原理であり、ブラフマンと称せられる全体的な実体である。それに対して「我」は個々の本体、アートマンと称せられる個々の存在における実体である。実体である限りそれらは静的な存在そのものである。全体としての実体（ブラフマン）と個としての実体（アートマン）、その二つの実体の帰一《きいつ》が「梵我一如」であり、それがバラモン教やヒンズー教の説く理想であった。

それに対して仏教は、それが全体的であろうと、個別的であろうと、固定的な実体そのものを否定する。つまりわれわれがいかにも実体があるかのように認識する一切の存在は、実はすべて時々刻々生成変化している一過性の現象の一側面を静的に捉えた錯覚に過ぎず、そこに実体としての固定的・静的なものは存在しないと考える。その意味で実体と思われるものも実は絶えず生生流転する変化の一局面、すなわち一時の相《そう》を呈しているに過ぎない。すなわち「空《くう》」である。しかも「空」は、絶えず流れているという点で「無常」（常なることがない）であり、常なることがないという意味で、今日的な「はかなさ」とは対極のダイナミズムを指す。このように「空」といい「無常」というのは、実は時空の制約を超え、「差別」の世界を超えた無限定の「平等地」（平等底《てい》）の謂《い》いに他ならない。

実はこの生生流転する流れの局面をコトバの体系に転写したものがaspect（相）とよばれる文法形式（文法範疇）である。例えば日英両語に共通してみられる進行相（progressive aspect, ～シテイル）と完了相（perfective aspect, ～シテシマウ）という二つの相（aspect）は、いわば時から浮揚した平等地を示すものであり、他方、現在形・過去形・未来形という三つの形式で示される時制（tense）は、コトバを差別境（現実の時（time）の制約）に位置づける言語装置である。

従ってaspect（相）は、以下の例のように、言語の別なくどの時制（tense）にも存在し、所与のコンテキスト（差別境）のなかで時制を超えて変幻自在に働く、コトバにおける大機大用《だいきだいゆう》（大いなる働き）を示すものと言える。

He will be / is / was /examining　《検査中》
He will have / has / had examined　《検査を終える》

さらに、この二セットを重ねることもできる。

He will have been examining.
He has been examining.
He had been examining.

それは相というものが、動詞の表わす行為や事態がいかに遂行され、経験されるかという、行為や事態のありよう (token) に対する話し手の見方、捉え方 (type) に関わる事柄だからである (Aspect conserns the manner in which the verbal action is experienced or regarded. Quirk, R. & Greenbaum, S (1973), *A University Grammar of English*, p.40)。

この点で禅の時空を超えた無時制（tenseless）のはたらきと通底している。

したがって、日没の場面を描写する場合でも

We watched the sun set behind the trees.
《木陰に夕日が隠れるの［ところ］を見た》

という静止画面の一般描写（typeとしての描写）としてだけでなく、

We watched the sun setting behind the trees.

《木陰に夕日が隠れてゆくの［ところ］を見た》

と、その時点で「進行している」個別の事実（token）として、さらに

(Now I'm saying to you here) we watched the sun setting behind the trees.

《その事実をいまあなたにこうして伝えているのだ》

と、「いま」に蘇らせることも可能である。

それは、「いま・ここ・このわたし」の中に生きてはたらく仏性《ぶっしょう》（宇宙の大生命《いのち》）の大機大用を人人《にんにん》（一人ひとり）に体認《たいにん》・体得《たいとく》させようとする禅のこころにも通じている。

一方、この進行相（progressive aspect）とともにコトバを重ね、畳みかけることで、わたしたちは何とかして時間の経過や事態の進行していることを表わそうとする。これは先述のオノマトペや擬態語においても歴然としている。たとえば、

雨がしとしと降っている。（Rain is falling lightly.）
ぼくはその道をどんどん駆けて行った。（I ran further and further along the path.）
汗がたらたら彼の額から垂れていた。（The sweat was dripping from his forehead.）
あの子はぺらぺら他愛ない冗談を喋っている。（She is continually telling silly little jokes.）

ことばを重ねる点では、漢語の借用においても同様である。

興味津々《しんしん》　（a great / deep interest）
赫々《かくかく》たる勝利　（a brilliant victory）

これらは擬音・擬態語であると同時に、継続の相（progressive aspect）をも同時に表わそうとする言語的工夫と言える。

また、時間を超えたtimeless（無限定の時間）という点では、つぎのような真理表現も同様である。現在形という動詞の形（token）は、真理という普遍性（type）を表わすために、日本語や英語の別なく、それぞれの言語において借用された仮りの姿（仮装）である。

The sun rises in the east.　［直説法（indicative mood）］

《太陽は東から昇る》

現実の時間（time）とそれを表わす動詞の形（tense, 時制）の不一致という点では、過去という形にたよる仮定（仮想）表現もまた同様である。

If I were (was) a bird, I would fly to you.　［仮定法（subjunctive mood）］

《わたしが鳥だったら、あなたのもとに飛んで行けるのに》

世の中に絶えて桜のなかりせば　春のこころはのどけからまし

［「せ」は過去の助動詞「き」の未然形）］

《いっそのことこの世に桜というものがなかったら、春のこころを乱すこともないだろうに》

在原《ありわらの》業平《なりひら》『古今和歌集』巻第一　春歌上、五三

これら日英両語に見られる述部の形式（token）――過去形の転用――は、いずれも限られた形式を超えてはたらく人間言語のコトバの自在な用《はたらき》、すなわち大機大用《だいきだいゆう》（type）を物語ると同時に、それぞれの言語形式（token）のもつ不便さ、窮屈さを示している。

禅が説いてやまない「無執着」、「無」、通仏教的には「空《くう》」、すなわち一切の囚われから解放された自由性、平等地は、ことばの面では、このように、述部に通底する相《そう》（aspect）や法《ほう》（mood, 命題内容に対する話者の態度・見方。すなわち事実を事実として捉える直説法、命令法、不確実性や仮定を表わす仮定法）の確かな把捉《はそく》にも繫がっている。

第四節　禅は法性《ほうせい》（modality）である

発話文（平叙文）の構造は、先にも述べたように、遂行節を含んだ三層構造をなしている。再掲すれば、

I SAY to YOU［F{M(P)}］

これは、命題内容P（proposition, 話し手の主観・評価などの脚色抜きの伝達内容）を包んで、それに対する話者の評価・判断といった主体的・心的な態度M（modality, 法性《ほうせい》）、さらにその判断の加わった伝達内容をどのような情報として相手（聞き手）に発するか、といった話し手が伝達文に託した作用・はたらきF（illocutionary force, 発語内の力）という二重の係数をもった［　］内の発話内容全体を、話者の発話時点（いま現在）での発語行為（locutionary act）として定式化したものである（この発語行為部分が遂行節（performative clause）とよばれるものである）。

したがって、modality（法性）とは、話し手が自ら話そうとする発話内容（命題、P）について、その発話時点で即座に下す判断や、評価であるから、例えば、

「今日は天気だ（今日は天気よ）」

という一見命題だけが丸出しになっているように見える陳述文の発話の場合でも、今日の天気の見通しについて、

「今日の天気は快晴だ、断言してもいいほどだ」

といった、一〇〇パーセント晴れだという話し手の確信を表わすことも、また

「今日は雨はなさそうだね（雨は降らないようだね）」

と、話し手の不確かな判断を示すこともできる。意識するにせよ無意識にせよ、どのような発話内容（命題）に対しても、話し手はその発話時点において、絶えず自分の判断や評価をその

場で下しながら話しているといえる。

従って、Parmer（1986：51）は modality（法性）を説明して、

> 自分の発言内容に対する話し手の関与の度合い
> (the degree of commitment by the speaker to what he says)

と述べているが、さらに正確を期して言えば、

> 自分が言いたい内容（命題）に対して、話し手がその発話時点で下す判断や関与の仕方
> (speaker's judgement of and / or commitment to the proposition included in what he wants to say, at the exact time of his utterance)

ということになる。言語学におけるこの話し手の発話時という、いわば発話のゼロ・ポイントにおける話者の判断・評価の大切さは、そのまま「いま・ここ・このわたし」の自己の仏性《ぶっしょう》に対する自覚底《てい》が問われる禅のこころに通じている。

第五節　禅は発話行為（speech acts）そのものである

一般に平叙文は、疑問・命令・感嘆を表わす各文に対して、物事をありのままに述べる陳述文を指すが、なかにはその平叙文を口にすることが、一つの言語行為を行なっている場合がある。例えば、キリスト教会で行なわれる結婚式で、司式者である牧師が

「ここに二人を夫婦であると宣言します。」

（"I hereby pronounce you man and wife."）


と、新カップルの誕生を会衆に告げたり、また日常の会話のなかで

「もう二度と遅刻しない（って約束する）よ。」

（"I promise not to be late again."）

といった文を発することは、もはや陳述文を述べているのではなく、「宣言」、「約束」といった一つの行為を行なっていることになる。

この意味で、こうした動詞（宣言する、約束する、命令する、指名する、要求する、断言する、などの動詞）は遂行動詞（performative verb）とよばれ、一人称、単数、現在時制で用いられるのが一般である。

この点でも発話行為は一脈禅に通じている。テキストとして読む書きことばと違って、コミュニケーションのなかの話しことば（parole）は、生きてはたらくことばの用《はたらき》、すなわち大機大用《だいきだいゆう》だからである。

また平叙文のほかにも、女性の日常会話のなかで、例えば、

「お昼ご一緒するってのはどうかしら？」
（“Why don't we meet for lunch?”）

といった婉曲表現はごく普通に聞かれるが、これは、発話者が疑問文という言語形式を借りて、「提案」という言語行為を行なっていることに他ならない。こうしたはたらきを言語行為論では「発語内の力」（illocutionary force）とよんでいる。すなわち、話し手は限られた言語形式を

借りて、その形式を超えたはたらき（話し手の意図の伝達）と聞き手に対するその効果（perlocutionary effect）を期待しているのである。

こうした発話行為論の視点に立って考えると、先のような遂行動詞を用いた典型的な発話文に限らず、

雨が降っている。(It's raining.)　　［平叙文］

といった通常の平叙文であっても、それがコミュニケーションのなかで発話として用いられた場合には、実は一つの立派な発話行為としてはたらくことになる。先にも述べたように、いま雨が降っているかどうかといった事象の描写（陳述）、その陳述内容（命題）に対して話し手が下す判断や評価（ホントかウソかの真偽や、その程度・度合いに対する話し手の評価）といった話し手の心的態度に加えて、発話の場に応じて聞き手に対する話し手の忠告や命令としてはたらく場合があるからである。

たとえば、母親が、登校しようと玄関を出かけている子供に向かって、

「雨が降ってるわよ」（"It's raining."）　　［発話文］（カッコや引用符に注意）

1）I'm saying to you here and now [as a piece of advice] that
（いまここでの発話の遂行。遂行節）（発語内の力、発話者の意図）(F)
{it is the case / true} that (it is raining).
（発話者の命題評価）(M)　（命題内容）(P)

2）「お外は雨　なんだから、傘を持って行きなさい、
(P)　(M)　(F)
といまお母さんはここであなたに言ってるの。
（発話の遂行）
（分かったわね。）」

と言えば、それは

「傘を持ってお行き」
（"Take your umbrella with you."）

といった子供に対する忠告に等しく、また子供が遊びに出かけようとしている場合には

「いまお外に出るのはお止め（なさい）」
（"Don't go out now. It's raining outside."）

といった禁止命令としてもはたらくことにもなる。

いま、この「雨が降ってるわよ」（"It's raining."）という忠告（この引用符が発話行為として大切）の発話文を、先の一般式を用いて英語で示せば、上の1)のようになる。

また日本語では、2)と言うに等しい。ここでも一人称、単数、現在時制はちゃんと実現していて、この意味でこの隠れた暗黙の「お母さんはあなたに言ってるの」(“I'm saying to you”)は(発話)遂行節(performative clause)とよばれるのである。

このように、発話内容(命題事実)(P)の真偽(ウソ・ホント)や程度などの判断(M)に加えて、発話時に瞬時に働く発語内の力(F)の「即今性《そっこん》」は、「痛いッ!」「やった!」「くやしい!」などの感嘆の場合と同様、コトバと一体となった発話者の丸出しの自己が露呈された瞬間である。これこそ禅が主張してやまない「いま・ここ・このわたし」の「這箇《しゃこ》」(これ、これ、これだ。それそれ、それだ、という「直示性《じきし》」「即今性」)とことばの接点であろう。

禅を発話行為の面から見ると、発話者が発話に込めた発語内の力(illocutionary force)や遂行節の迫力を、いかに瞬時に読み解くかに懸かっていると言える。

第六節　禅は発語内の力（illocutionary force）である

このように日常の発話行為（コミュニケーション）のなかでは、言語形式とそれが含意する意味内容とは必ずしも一対一に対応してはいない。先述のように、いわゆる平叙文・疑問文・命令文・感嘆文とよばれる各文は、それが話し手によって発話行為として発せられると、陳述・疑問・命令・感嘆以上のメッセージを聞き手に伝達しているからである。

この発語に込められたはたらきが、発話行為論（speech acts）では発語内の力（illocutionary force）とよばれるものである。

言語哲学者ジョン・サール（John Searle, 1932-）によって大きく展開されてきた、この発話行為論では、一般に平叙文とよばれる陳述文に込められたこの発語内の力のはたらきを重視する。それは一般に陳述文とよばれる文は、ウソ・ホント（true/false）で判別できる命題内容（propositional contents）を含む文を指すが、サールの主張は、「ではそれだけなのか」という問いかけである。それが日常生活におけるコミュニケーション（発話行為）の現場で、聞き手に対する話し手の意図とその効果の発現力（話し手が直感的に聞き手に対する意図的効果を期待して瞬時にはたらくコトバの作用)、すなわち、発語内の力なのである。

さらに一例を挙げれば

「ノドが渇《かわ》いた」("I'm thirsty.")

という平叙文は、それが日常生活のなかで発話として口から発せられた場合、それは話者の現在の身体の状態を述べている陳述文というよりも、「何か冷たいものがほしい」("Give me something cold to drink.")という依頼(request)表明であることが一般的であろう。陳述文に含まれる「ノドが渇いている」という命題内容が真(true)であるという知的理解はもちろん、「だから、お水ちょうだい」という依頼(request)のはたらきが理解されなければこの発話文は意味をなさない。これが「発語内の力」に他ならない。この観点からすれば、

平叙文の発話行為＝命題内容(ウソ・ホントの確定できる陳述内容)(P)
＋命題に対する話者の評価(M)＋発語内の力(発話者の意図)(F)

の三層構造から成り立っていることになる。

日常のコミュニケーションのなかでこのように生きてはたらくコトバ、他方、臨機応変・活《かっ》鱍鱍《ぱつぱつ》地の対応が求められる禅では、この発語内の力を一語一語のうちに瞬時に鷲《わし》掴《づか》みすることがもっとも大切なカギとなる（従って発語内の力なのである）。

こうした視点から先の「庭前《ていぜん》の栢樹子《はくじゅし》」に再び立ち返ると、

前庭のあなたのすぐ前にカシの木が立っている。

(There stands a cypress tree right before you in the front garden.)

という趙州《じょうしゅう》の答話は、その陳述文としての意味（命題内容とそれが真であること）を超えて、先述のように、問僧もカシの木も同じ宇宙の大生命《いのち》という仏性《ぶっしょう》（type）を本来具《そな》えた仲間（法《ほう》類《るい》、token）ではないか、という趙州の直示《じきし》（deixis）が読み取られなければならない。一切の存在が同じ宇宙の大生命《いのち》をそれぞれの姿形で輝かしている。お前もその例外ではない。山川草《さんせんそう》木悉皆成仏《もくしっかいじょうぶつ》、衆生《しゅじょう》本来仏《ほとけ》なり、ではないか！　という趙州徹悃《てっこん》の指摘（直示）である。そして、それはそのまま、

「いまお前がそうして尋ねていること、それ自体が答えを示しているではないか！」

（"Your question itself points to your own answer!"）

あるいはまた臨済義玄《りんざいぎげん》禅師が、説法で雲水《うんすい》たちに投げかけた一句、

「いまここでオレの説法を聞いている、お前たちのなかのそいつがそれだ！」

（是《こ》れ儞《なんじ》が即今目前聴法底《そっこんもくぜんちょうぼうてい》の人《にん》なり）　『臨済録《りんざいろく》』示衆《じしゅ》（岩波文庫、四一頁）

"You, listening to my discourse right now before my very eyes!"

Sasaki, Ruth F. *The Record of Linji*. Honolulu: University of Hawaii Press, 2009, p.160

という目覚め（"Wake up!"）の警告（warning）としてはたらいているのだ。

「それだ！」、「お前たちのなかの一無位《むい》の真人《しんにん》、お前のなかの仏性こそその人だ！」

という趙州徹悃《じょうしゅうてっこん》の直示《じきし》（deixis）である。修行僧の覚醒を促す趙州の発語内の力、すなわち警告である。

禅が常識を超えているかどうかは、命題（公案）の知的理解を超えて、瞬時にこの発語内の力を感得することができるかどうかの一点に懸かっている。さきにわたしが語録理解の難しさは、テキストとしていわば死んで横たわっている語録のラング（langue）を、自らの手でパロール（parole）に立ち上げる作業にある、と指摘したのはこの点である。筆録者から発語者へ、さらにその発語者の「息づかい」を、聴者（求道者《ぐどう》）自らよみとることの難しさと面白さである。その「息づかい」は、話しコトバでは一般に語順（word order）や強調（stress）、イントネーション（音調曲線、intonation contour）や句切れ（punctuation）などとして表われる。

この発語者の息づかいを自らの心に立ち上げて、そこに生きてはたらく発語内の力を瞬時にキャッチし、体解《たいげ》・認得《にんとく》（身体でうなずく）するには、何よりも先ず禅を求める人人《にんにん》（求道者一人ひとり）の心が燃えていなければならない。それが無である。無心である。

第七節　記号の三角形（semiotic triangle）を踏みつぶせ

ところで、第二部第一章で述べたように、近代言語学の中心的概念の一つに「記号の三角形」（semiotic triangle）があった（次頁参照）。

われわれが対象をそれと認識するのは、聴覚での認識Aを「知的認識」Bという媒体を経由して、間接的にCという referent（対象物）を認識するのであって、決してA↓Cという回路によって直接対象を認識するのではない、という主張であった。それも言語が知的に高度に発達した言語であればあるほどその傾向は強い、と言われる。しかし高度に発達した人間の言語でも、なおA↓Cの実線化を促す側面が根強く内在していることはすでに指摘してきたとおりである。原初的で遅れた言語現象と誤解され易いオノマトペや、直示《じきし》とよばれるダイクシス（deixis）のはたらきがそれであった。これらの言語現象は、知的理解を超えたその場の直覚的把捉《はそく》を聞き手に求めてくる。従って子供のコトバにこのA↓C回路に頼ろうとする傾向が強いのは当然である。子供の言語活動は、直接体験の世界のなかで行なわれることが多いからであ

「記号の三角形」（semiotic triangle）

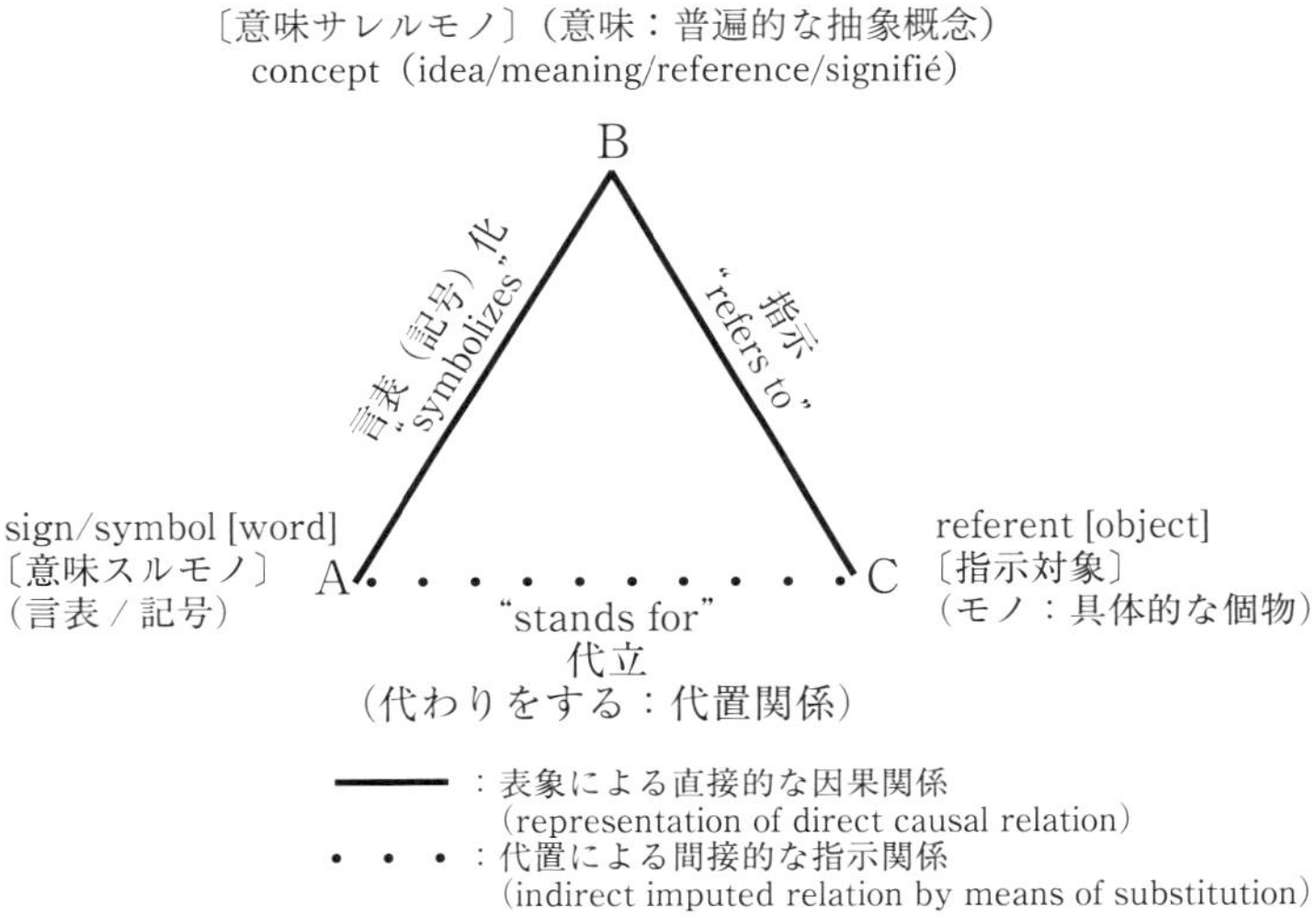

る。「ボク」や「ワタシ」は自分以外の何者でもなく、「カズオ」や「ナオコ」の代名詞であるとの認識はない。「ココ」や「アソコ」もまた同様、「ボクのお家《うち》」や「アナタのお家《うち》」の代わりではない。「ワタシ」は「ワタシ」のほかの誰でもなく、「ココ」は「ココ」という場所そのものであって、そこに第三者による代置という客観的理解を必要としない。子供の体験による言表化は、二元的分別《ふんべつ》の入る余地のないこうした一元的理解に基づいているからである。

　したがって二元的分別を超えるとは、まさにこの記号の三角形（semiotic triangle）の頂点Bを、A—Cの底辺に向かって踏みつぶし、その底辺を限りなく実線化しようとする試みにほかならない。踏みつぶし、踏みつぶして知性に基づく間接的理解（知解）を最小限にとどめ、最大限直接的体験として自己のうちに認得《にんとく》・体解《たいげ》しようとする試み、すなわち知解の初期化（意識による理解以前の事実・真理の丸つかみ）そのものだからである。

むすびに

以上、ことばでは尽くし切れない禅境を、敢えてわたしはことばで綴るという不遜を冒《おか》してきた。それは語録の字面《じづら》を精読・精査してこと足りる世界ではない。知的理解、学問の世界の限界がここにある。禅は思想することでも哲学することでもないのだ。

広く仏教は、われわれに「大肯定の世界に翻《ひるがえ》り出る」こと、その大肯定の地平に立つ、自由で広々とした融通無碍《ゆうずうむげ》の境地を説いてやまない。大肯定の地平に立つこの自由を獲得したとき、初めて煩悩即菩提、自他一如《じたいちにょ》の世界に蘇り立つことができるのだ、と。それは過去を引きずって、いたずらに悔いるのでも、また未来に過大の期待や不安を抱くのでもなく、今日《きょう》という、このかけがえのない、与えられた一瞬一瞬を精一杯に生きることの大切さ、日常生活の大肯定を指している。雲門文偃《うんもんぶんえん》が「日日是好日《にちにちこれこうにち》」（『碧巌録《へきがんろく》』第六則）と言うのも、臨済義玄《りんざいぎげん》が外部からの自由は勿論、権威にも寄らず、内なる精神の自由を説いて、一見極論とも響く「殺仏《せつぶつ》殺祖《せっそ》」（仏《ほとけ》に逢えば仏を殺し、仏祖に逢えば仏祖を殺せ。『臨済録《りんざいろく》』示衆。岩波文庫、八八頁）と言うのも、真正の自由は人人《にんにん》（一人ひとり）が本来の自己に立ち還ったこころの平安、すなわち

「無事」であること、その「無事」が得られれば、「立処皆真《りっしょみなしん》」（自己の立ち位置がそのまま真実世界の顕現である。『臨済録』示衆。岩波文庫、五二頁）の大肯定の世界に立つことができると言おうとしているのである。

但し、そのためには「随処《ずいしょ》に主《しゅ》となる」という前提条件がつく。「随処《ずいしょ》に主《しゅ》となれば、立処《りっしょ》皆真《みなしん》なり」（随処作主《ずいしょさくしゅ》、立処皆真《りっしょみなしん》）なのである。「主となる」とは「無事の人」となることである。「無心」である。「大死一番絶後に蘇るというトンネル体験」、すなわち「初期化の体験」である。特に禅はこの前提条件を人人《にんにん》（一人ひとり）に厳しく求めてやまない。

わたし自身、若い頃にはこの条件の真意を測りかね、問い続け、求め続け、こうして八〇歳を越えて今日に至るまで、苦悶しながらこの人生をトボトボと歩んで来た。本書はそうしたわたし自身の苦闘の跡である。

人は誰しも自分の思いどおりにならない現実にぶつかりながら生きている。そして、そこから何とかして逃れたいと「四苦八苦」する。それはあたかも幾何学の大前提である公理を、逆に定理で証明しようと藻掻《もが》いているようなものである。だからこそキリスト教の世界でも、アメリカの世界的な自由主義神学者、ラインホールド・ニーバー（Reinhold Niebuhr, 1892-1971）は、つぎのような祈りを捧げているのである。

God, grant me the serenity to accept the things I cannot change,
the courage to change the things I can, and
the wisdom to know the difference.

《主よ、変えることのできないことに対しては、それを受け入れる心の平安を、変えることができることに対してはそれを変える勇気を、そしてこの二つを見分ける智慧をわたしにお与え下さい》

不立文字《ふりゅうもんじ》は文字を立てないのではない。大いに立てるのである。今日われわれの手に伝えられてきた祖師方の膨大な語録がそれを物語る。知性を用いないのではない。文字や知性のギリギリのところに立って、なおそれを超えることを求めるのだ。

一言で言えば、すでに述べてきたこの「知性の破産」とでもいうべき体験を、単に己れの自己体験のなかにのみ留めおかないで、なお知性の所産である「ことば」によって伝えるという二律背反する矛盾のなかで、禅の語録はこうして脈々と禅のこころを伝承してきたのである。従ってほんの僅かでも禅の心髄に迫る糸口を語録の中に汲み取ろうとするなら、それは本書で語って来たように、オノマトペやダイクシス（直示《じきし》）、擬態語、指示語……といった、現実の事態を直視し、直示し、鷲攫《わしづか》みしようとする、最も原初的な二元的分別《ふんべつ》以前のことばの形態において他にあるまい。

ポタポタ、シトシト、どんどん、ぱらぱら、如々、歴々、これ、それ、あれ……など、こうした擬音・擬態語や直示の表現は、対象を静的・客観的に捉えて分節化するというよりは、むしろ対象を鷲掴みし、またスッポリと包み込み、そのなかに溶け入るような「はたらき」（用《ゆう》）として、その動きのままに捉えた動的なことばの営みだからである。禅的体験と「ことば」の間にわずかに求めうる小さな接点である。

禅の公案はことばの力である。ことばの一切を動員した力である。ことばを貫く力である。しかもなお、ことばを超えた力である。

禅匠方は喝破するであろう。

「そんな理屈っぽい記号の三角形（semiotic triangle）なぞ踏みつぶしてしまえ」と。

まさにその通り。前述のように、禅の言語化はこの三角形を踏みつぶし、A―C底辺に限りなく近づけて実線化することに他ならないからである。その意味でもことばのもつ写像性（iconicity）や直示性（deixis）といった諸特性は、禅の核心に迫る糸口を提供してくれるとともに、人間の心理解明上の重要な言語学上の課題でもあろう。

このように禅はことばのもつ限界と哀しさをわれわれに教えてくれているのだ。

思えばこのわたしは遠い回り道をしてきた。病後二〇歳で再び高校一年生に立ち戻ったわたしは、先にも述べてきたように、その病気体験を通して自覚したところを毎日新聞（昭和三一年（一九五六）五月八日）に投稿して次のように書いた。ここにその一部を再掲したい。

……幸福の前には詮議だては敵である。それは決して善意には働いてくれない。自分がどんなに貧しくつまらぬ人間であろうとも、（今ある）自己の力の中に安住し、決して疑わないことである。……自分の赤裸々な姿はこうなのだと明察（透察）することである。そのとき本当の安心が生れる。……

幸福の有資格者は、この「現実を素直に見、善意に解釈し、現在に生きる」人間だと私は今にして思うのである。

同紙紙上フォーラム欄『過去を忘れ出直す』

禅とは、自らが「事実《コト》」そのもの、「はたらき」（用《ゆう》）そのものに「成り」きって「生きる」ことである。それは同一水平に立ちながら、その水平を超え、さらにはその一切を包み込んだ新しい地平に立つことなのだ。それこそが「無」、「無」のはたらきなのだ。

それに比べてコトバは明るく、また哀しい。なぜなら知性の産物であるコトバは、それが口から発せられた途端、また書き留められた途端に、「時」の流れを止めてしまうからだ。時々刻々動き流れている「事実《コト》」の「はたらき」は、その瞬間に止まってしまう。固体化して貼りつき、凍りついてしまう。この動態としての「事実《コト》」と、発語した途端、瞬時にして固体化する「コトバ」の性質――。コトバによるこうした説明もまた二元相対の世界に立ち戻ることになってしまう。

わたしはまたもや振り出しに戻ってしまったようだ。

よく見れば　薺《なづな》花咲く　垣根かな

芭蕉『続虚栗《ぞくみなしぐり》』

最後に、折り紙作家・詩人でもあった曹洞宗・内山興正《こうしょう》老師（一九一二〜九八、早稲田大学大学院西洋哲学科修士課程修了後、宮崎公教神学校教師を務めたのち、沢木興道《こうどう》老師に師事して出家。安泰寺住職。その後京都府宇治市木幡能化院《こはたのうけいん》に移って死去）と、「玉島の良寛さま」と親しまれた、詩人で日本基督教団玉島教会名誉牧師であった河野進《こうのすすむ》先生（一九〇四〜九〇、和歌山県生まれ）の、それぞれの祈りのことばを借りて結びとしたい。

拝むとは二つが一つ
その一つさえもかくれてしまう
思いが手放された実物のかたち
天地一杯　実物の深さ

内山興正

天の父さま
どんな不幸を吸っても
はく息は感謝でありますように
すべては
恵みの呼吸ですから

河野進

あとがき

わたしには傘寿《さんじゅ》になったいまもなお、深く刺さったトゲのように一つの悔いが残っている。

ちょうど高校進学を決める中学生のころ、

「なーんだ、〝地球けずり〟か？」

と、進学しないで家業の農業を継ぐことになったひとりの友人に向かって、仲間たちと一緒に囃《はや》し立てた苦い思い出がある。いま思い出しても顔から火が出るほど恥ずかしい。そして何よりも彼に対して申し訳ない気持ちで胸が一杯になる。何と無知だったことか。この小著は、この無知をたずねるわたしのその後の人生の旅路の跡である。そしてそれは同時にわたしの青春時代、病後にわたしに与えられた二つの公案、

「随処《ずいしょ》に主《しゅ》となれ」

（爾《なんじ》、且《しばら》く随処《ずいしょ》に主《しゅ》となれば、立処皆真《りっしょみなしん》なり）

『臨済録《りんざいろく》』示衆《じしゅ》（岩波文庫、五二頁）

「庭前《ていぜん》の栢樹子《はくじゅし》」

『無門関《むもんかん》』第三七則（岩波文庫、一四四頁）

に対するわたし自身の見処《けんじょ》（答案）となってくれるようにとひたすら祈るばかりである。

考えてみると、わたしたちは二次元の平面に立ち、三次元の立体空間のなかで、日々の生活を営んでいる。そしてそれに対する表現手段として、わたしたち人間は、話しコトバは勿論、文字や絵画、また彫刻や塑像《そぞう》といったさまざまな表現手段をもつ。先史時代のスペインのアルタミラ洞窟や、フランスのラスコーの洞窟などに描かれた動物画や狩猟画、またギリシャ彫刻やロダンの考える人の塑像などは、その最も典型的な例である。しかし不思議なことに、ヒトは誰しも一次元の線状でしか表わすことができず、最も制約の多いはずのコトバを自らの表現手段として多用する。それも母語とよばれるコトバは、無意識のうちに日常生活のなかで自由に駆使されている。

これは実に不思議なことである。ヒトは表現手段においては無意識のうちに異次元世界を飛び交っているのだ。「超」次元を行き交っているのだ。それにも拘わらず、わたしたちの「こころ」はどうか、と言えば、本来融通無碍《ゆうずうむげ》であるはずのその自由を、しばしば失っているのがわたしたち一般の日常生活である。

その点、わたしもまたこの小著において、どう藻掻《もが》いてみても、蟬のヌケガラを見て蟬を語るに等しい愚かな過ちを、犯してきたということになるだろう。

ところで、私たち日本人は、欧米諸国のみならず、中東や中南米諸国の人たちから「あなたの宗教は何ですか」と聞かれて、それほど深くも考えないで、ただ「無宗教です」と答える人が多いのではないかと思う。それもちょっぴり後ろめたいような、気後れしたような表情を浮かべて。しかしちょっと待って頂きたい。少なくともこの小著を手にして頂いた読者諸賢には、現代のように核による恐怖や、絶え間のない地域紛争などに見られる国家エゴのぶつかり合う世界情勢のなかにあっては、それに続けて、つぎのように丁寧に返してほしいと思うからである。

「『無』宗教とは『超』宗教。『無とはないことではない』のです。それぞれ異なる宗派や宗教、否、自身の信奉する宗教にさえも囚われず、それを超えて生きること。つまり『宗教からの自由』なのです。だから『超』宗教とは、一切が『包まれてある』平和への営みそのもの（holistic living）なのです。

その意味で日本人は、司馬遼太郎の言うように、『無思想』という思想をもっているのです」

と。

少し飛躍に聞こえるかもしれない。しかし、これは一九五五年のラッセル・アインシュタイン宣言に続き、核による人類滅亡の危険性を指摘し、核兵器廃絶と、戦争に替わる平和的手段による国際紛争の解決を訴え続けてきた故・湯川秀樹博士らの「世界は一つ」という、人類共通の悲願を主導するパグウォッシュ会議（Pugwash Conferences on Science and World Affairs）の精神にも通じるものである。

読者諸賢の理解と共感の輪が広がることをひたすら祈り願うばかりである。

人間の水行《すいこう》のあとすべて消し　海は静けき光の平《たいら》

高野公彦《たかのきみひこ》（一九四一〜）、歌人、歌誌「コスモス」主宰

明るさは　海よりのもの　野水仙

稲畑汀子《いなはたていこ》（一九三一〜）、俳人、俳誌「ホトトギス」名誉主宰

最後に妻・朝子に対して謝辞を述べることをお許し頂きたい。本書で述べてきた禅についても、また言語学についても、妻はまったくの素人であった。わたしはその妻をわたしの発信する電波の受信者として、聴取可能か否かを折りに触れて試してきたからである。彼女は文意の明不明、表現の適不適を考えるリトマス試験紙の役割を果たしてきてくれたのである。もしもわたしが意図することに少しでも読者諸賢が関心をお寄せ頂けるとしたら、それは偏《ひとえ》に彼女の忍耐強い受信機のお蔭であった。感謝のほかない。

年ふれば　よはひは老いぬ　しかはあれど　花をし見れば　物思ひもなし

藤原良房（『古今和歌集』巻第一、春歌上、五二）

うつむいた　処《とこ》がうてなや　すみれ草

加賀の千代女（吉崎御坊）

君やこし　我やゆきけむ　思ほえず　夢かうつつか　寝てか覚めてか

読人しらず（『古今和歌集』巻第一三、恋歌三、六四五）

＊

この小著で触れた私の小さな禅的体験や考えの多くは、青春時代から傘寿の今日に至るまで、陰に陽にご指導を賜わってきた故・忘路庵《ぼうろあん》・岡田熙道《きどう》老師（岡山県総社《そうじゃ》市にある井山宝福寺住職。のち京都・東福寺第三〇一世管長）と東福寺第三〇二世管長、故・更幽軒《こうゆうけん》・福島慶道《けいどう》老師に負っている。特に忘路庵老師には若い日に大疑団を与えて頂き、わたしはそれを抱えて今日まで生きてきた、との思いが深い。また更幽軒老師には、わたしの在職中のわがままを許して頂き、その時々に適切なご指導とご助言を賜わってきた。

ここにいま改めてお二方の老大師に深甚のまことの謝意を捧げたい。

しかし、それにも増しておそれることは、お二方のご老師は、わたしがこのような形で禅を語ること自体、何よりもお嫌いではないか、と内心忸怩《じくじ》たる思いを禁じえない。ご老師方の禅境にはほど遠い一介の居士禅《こじぜん》の徒が、一知半解のままに禅を弄《もてあそ》ぶことになるからである。

いまはただ禅が真正の地平に立つ現代に生きる禅であってほしいと願うとともに、読者諸賢のご斧正《ふせい》をひたすらお願い申し上げる次第である。

なお英語例文に関しては翻訳家で同志社女子大学特任教授のジュリエット・カーペンター先生（Juliet W. Carpenter）に随時お教えを頂いた。ここに記して併せてお礼を申し述べたい。

また最後になったが、校正のみならず編集上種々有用なアドヴァイスを頂いた明石書店編集部長・森本直樹氏にも心から感謝を申し述べたい。本書が読者諸賢の関心に少しでも応えるところがあるとすれば、それは偏に氏の読者目線に立った適切な助言に負うところが多いからである。

二〇一七年　如月

信原　修

参考文献

日本語で書かれた禅に関する編著書は多種多様で広範にわたるため、ここでは入手可能で主なものを挙げるにとどめた。

なお、禅とことばに関しては、例えば鈴木大拙（一九六七）の「禅と俳句」のように、文学との関連で論じたり、また井筒俊彦（一九八三）や Faure (1988)、Ueda (1990)、Kraft (1992) などに見られるように、公案における師と弟子との間のパラドックスに満ちた禅特有のやりとりを、禅という土俵のなかで哲学的に論じた論考が散見される。しかし、言語学との関連で論じられたものは管見の限りでは未見である。

［禅語録と関連文献］

秋月龍珉編著『趙州録』禅の語録一一、筑摩書房、一九八五年

朝比奈宗源訳註『臨済録』岩波文庫、一九八六年

井筒俊彦『意識と本質――精神的東洋を索めて』岩波書店、一九八三年

今枝愛真監修『五灯会元』琳琅閣書店、一九七一年

入谷義高他編著『雪竇頌古』（碧巌録）禅の語録一五、筑摩書房、一九八一年

岡田正三訳『プラトーン全集』第一巻、全国書房、一九六九年
小川隆『禅思想史講義』春秋社、二〇一五年
梶谷宗忍他編著『信心銘・証道歌・十牛図・坐禅儀』禅の語録一六、筑摩書房、一九七四年
柴山全慶著・工藤智光編『無門関講話』創元社、一九七七年
――『訓註　無門関』其中堂、一九八二年
鈴木大拙著・北川桃雄訳『禅と日本文化』岩波新書、一九六七年
――・久松真一他編『鈴木大拙全集』全三二巻、岩波書店、一九八三年
――・上田閑照編『禅と日本文化』岩波新書、一九九七年
宋釈道原編著『景徳伝灯録』台北市：新文豊出版公司、中華民国七五年
中村元訳『ブッダ最後の旅――大パリニッバーナ経』岩波文庫、一九八三年
西尾実他校注『正法眼蔵　正法眼蔵随聞記』日本古典文学大系八一、岩波書店、一九八六年
西村恵信訳注『無門関』岩波文庫、一九九四年
信原修『雨森芳洲――朝鮮学の展開と禅思想』明石書店、二〇一五年
福島慶道『禅は無の宗教』柏樹社、一九九四年
――『フリーマインド――無心のすすめ』東京出版、一九九五年
――『無心のさとり』春秋社、一九九八年
――『趙州録提唱』春秋社、二〇一三年
フリチョフ・カプラ、デーヴィッド・ステンドル-ラスト、山口泰司訳『われら宇宙に帰属す

るもの——フリチョフ・カプラ徹底討議』（原題：*Belonging to the Universe*. 1991）青土社、一九九四年

Faure, Bernard.(1988) Language and discourse in Chan / Zen.（manuscript）

Kraft, Kenneth.(1992) *Eloquent Zen－Daito and Early Japanese Zen*. Honolulu : University of Hawaii Press.

Nobuhara, Osamu.(2001)Quest for an interface between Zen(Ch'an) and language.『総合文化研究所紀要』（同志社女子大学）第二一巻

Ueda, Shizuteru.(1990) Freedom and language in Meister Eckhart and Zen Buddhism. *The Easstern Buddhist* Vol.23, No.2.

[言語学の主な英語参考文献]

Austin, J. L.(1962) *How to Do Things with Words*. Oxford : 0xford University Press.

Berlin, Brent & Kay, Paul.(1969) *Basic Color Terms : Their Universality and Evolution*. Berkeley & Los Angeles : University of California Press.

Borkin, Ann.(1984) *Problems in Form and Function*. New Jersey : Ablex Publishing Corporation.

Dinneen, Francis P.(1967) *An Introduction to General Linguistics*. New York : Holt, Rinehart and Winston,Inc.

Fillmore, Charles J.(1975) Santa Cruz lectures on deixis. Bloomington, Indiana : Indiana

University Linguistic Club.

——(1982) Towards a descriptive framework for spatial dexis. *Speech, Place, and Action : Studies in Deixis and Related Topics*, eds. by Robert J. Jarvella and Wolfgang Klein, 31-59. New York: John Wiley & Sons Ltd.

Haiman, John.(1983) Iconic and economic motivation. *Language*. 59. 781-819.

Hartshorne, Charles & Weiss, Paul (eds.)(1965, 1967) *Collected Papers of Charles Sanders Peirce*, 4 vols. Cambridge, MA : Harvard University Press.

Jespersen, Otto.(1922) *Language : Its Nature, Development, and Origin*. London : Allen and Unwin.

Lyons, John.(1977) *Semantics* Vol.2. Cambridge : Cambridge University Press.

——(1981) *Language, Meaning and Context*. Bangay : Fontana Paperbacks.

——(1995) *Linguistic Semantics : An Introduction*. Cambridge : Cambridge University Press.

Ogden, C. K. & Richards, I. A.(1923) *The Meaning of Meaning*. London : Routledge & Kegan Paul Ltd.

Palmer, F. R.(1986) *Mood and Modality*. Cambridge : Cambridge University Press.

Quirk, Randolph & Greenbaum, Sidney.(1973) *A University Grammar of English*. London : Longman Group Limited.

Searle, J. R.(1969) *Speech Acts : an Essay in the Philosophy of Language*. Cambridge :

Cambridge University Press.
——(1979) *Expression and Meaning : Studies in the Theory of Speech Acts*. Cambridge : Cambridge Unversity Press.

図版・写真出典一覧

口絵１頁	武者小路実篤筆「自然玄妙　人生玄妙」：調布市武者小路実篤記念館所蔵
口絵２頁	クロード・モネ「日本の橋」（1918-24年）、油彩、カンヴァス、89×100cm：マルモッタン・モネ美術館所蔵
口絵３頁	谷川晃一画「雑木林のパレード」：神奈川県立近代美術館所蔵
27頁	井山宝福寺：著者提供
35頁	岡田熙道老師：著者提供
53頁	范道生作「羅睺羅尊者坐像」：京都・萬福寺所蔵
85頁	趙州従諗禅師：『仏祖正宗道影』木版画
87頁	徳力富吉郎作『版画　十牛図』：株式会社まつ久提供
88頁	仏陀成道の菩提樹の金剛宝座（マハーボディ寺院）：著者提供
92頁	良寛像（新潟県出雲崎町良寛堂）：出雲崎町提供
126頁	河井寛次郎書「手考足思」：河井寛次郎記念館所蔵
132頁	福島慶道老師書「Watch, touch, and bite」：著者提供
141頁	因陀羅筆「禅機図断簡　丹霞焼仏図」中国元代14世紀、紙本墨画、35.0×36.8cm、石橋財団ブリヂストン美術館蔵
159頁	福島慶道老師：著者提供
163頁	雪舟等楊筆「慧可断臂図」紙本墨画淡彩、199.9×113.6、室町時代（1496）、愛知・齊年寺所蔵
164頁	霊鷲山：著者提供

著者紹介
信原　修 （のぶはら・おさむ）
1936年岡山県生まれ。同志社大学大学院、英国エディンバラ大学大学院ディプロマ・コース一般言語学修了。京都府立鴨沂高校定時制教諭、同志社女子大学教授を経て同志社女子大学名誉教授。専攻は言語学（意味論・語用論）。
“Empathy & particles: a case study from Japanese”（1990）、“Quest for an interface between Zen（Ch'an）and language”（2004）等の主要論文のほか『日本人の考え方を英語で説明する辞典』（共著、有斐閣、1990）。また日朝文化交流史関係では、『雨森芳洲と玄徳潤――朝鮮通信使に息づく「誠信の交わり」』（明石書店、2008）、『雨森芳洲――朝鮮学の展開と禅思想』（明石書店、2015）のほか「『誠信堂記』のこころとその背景」（『朝鮮通信使研究部会報』第10号、2009）など論文多数。

禅とことば　乖離《かいり》と近接《きんせつ》
――「這箇《しゃこ》」との接点を索《もと》めて

2017年4月17日　初版第1刷発行

著　者　信　原　　修
発行者　石　井　昭　男
発行所　株式会社　明石書店
〒101-0021　東京都千代田区外神田6-9-5
電　話　03（5818）1171
ＦＡＸ　03（5818）1174
振　替　00100-7-24505
http://www.akashi.co.jp
装　幀　明石書店デザイン室
印刷・製本所　モリモト印刷株式会社

（定価はカバーに表示してあります）　ISBN978-4-7503-4496-6

雨森芳洲

朝鮮学の展開と禅思想

信原修 著

四六判／上製／224頁　◎3200円

18世紀日朝の国際社会の舞台で「実意」を貫き、「誠信」を生きた「実践」の人・雨森芳洲。江戸期を代表する開明的な文化人であり真の国際人である雨森芳洲の全体像を、史（資）料に基づきながら経験的・体感的に描き出す。今日なお生き続け、現代のわれわれに問い掛けてくるメッセージを聴きとる。

内容構成

雨森芳洲と玄徳潤

朝鮮通信使に息づく「誠信の交わり」

信原修 著

A5判／上製／438頁　◎6500円

18世紀日朝間の人間理解と和解に努めた稀有の文化人であり真の国際人であった雨森芳洲の多面的な人物像に従来の学問枠を越え歴史学と文学の両岸から迫る橋渡し的書の試み。一般の読者にも親しみが持てる配慮が施されている。

内容構成

〈価格は本体価格です〉